사진으로 보는 초창기 한국 정교회의 선교(1906-1930)

Album depicting the beginning of the Orthodox Church in Korea(1906-1930)

앨범 자료 제공 : Museum of Russian Culture(San Francisco, CA)

사진으로 보는 초창기 한국 정교회의 선교(1906–1930)
Album depicting the beginning of the Orthodox Church in Korea(1906-1930)

초판1쇄 인쇄 2025년 6월 11일
초판1쇄 발행 2025년 6월 11일

지 은 이 유희권, 홍선표, 조혜원
Hee-Gwone Yoo, Sun Pyo Hong, Hye Won Cho
펴 낸 이 암브로시오스 조성암 대주교
펴 낸 곳 정교회출판사
출판등록 제313-2010-5호

주 소 서울시 마포구 마포대로18길 43
전 화 02-364-7020
팩 스 02-6354-0092
홈페이지 www.philokalia.co.kr
이 메 일 orthodoxeditions@gmail.com

ISBN 978-89-92941-71-6 93230
값 50,000원

The publication of this book was made possible through the generous donation of the Orthodox Christian Mission Center(St. Augustine, FL., U.S.A.).

Album depicting the beginning of the Orthodox Church in Korea(1906-1930)

사진으로 보는
초창기 한국 정교회의 선교(1906-1930)

유희권, 홍선표, 조혜원
Hee-Gwone Yoo, Sun Pyo Hong, Hye Won Cho

정교회출판사

서문

정교회 한국 대교구와 일본 엑사르히아의 출판사 "정교회출판사"에서 처음으로 발간하는 이번 앨범은 한국 정교회의 역사뿐만 아니라 한국과 서울의 역사에 있어서 매우 중요한 의미를 지닌다는 것에 의심의 여지가 없습니다.

본 앨범의 사진들은 매우 희귀한 자료입니다. 이 자료는 한국 정교회 초기의 인물과 사물을 독자의 눈에 영원히 각인시키며 생생하게 만듭니다. 앨범에는 1906년-1930년에 살았던 성직자와 평신자, 러시아인과 한국인, 어른들과 어린이들이 등장합니다. 서울 정동에 있던 선교회의 학교 건물을 꾸며 만든 첫 번째 성당의 성화벽(iconostasis, 이코노스타시스)과 교하 기도처에 있던 성화벽은 한국 정교회 선교의 시작을 알립니다.

한편, 20세기 초 서울의 일상생활도 보여줍니다. 서울의 거리와 건물, 궁궐, 광화문 사진은 상상 속에서나 동화 속 세상에서만 만날 수 있는 서울로 여러분을 안내합니다. 거대 도시가 된 오늘날의 서울과는 너무도 다른 모습이기 때문입니다. 왕족, 귀족, 서민들의 얼굴은 그 시대의 사회 계층을 보여주며 저마다 고유한 이야기를 전달합니다. 불교 사찰, 성공회 마크 트롤로프 주교 및 성직자들의 단체사진, 조선의 마지막 황제 순종의 유교적 의례가 잘 갖춰진 장례식 등 이 모든 것은 당대 서울의 사회 생활과 종교 생활을 증언합니다. 또, 혁명 전후의 러시아인 가족들의 옷차림과 머리 모양은 당대의 유행 양식을 보여주며 영원히 사라진 과거에 대한 향수와 낭만을 자아냅니다.

이 모든 사항을 통해 이 앨범은 역사적 자료가 됩니다. 이러한 이유로 우리는 한국 정교회 대교구 및 일본 엑사르히아에 이 앨범을 제공해주신 '러시아 문화 박물관'(Museum of Russian Culture, 미국 샌프란시스코)에 진심으로 감사의 말씀을 드립니다. 한국은 물론 해외 미술 애호가들에게도 정당하게 평가될 것이라는 확신으로 이 앨범을 독자에게 선보입니다.

앨범과 더불어 글 세 편이 함께 수록됩니다. 첫 번째 글은 뉴욕 공립도서관 유희권 수석 사서의 "러시아 정교회의 1900-1920년대 한국 선교: 수도대사제 페오도시(표도르 이바노비치 페레발롭)의 수집 앨범"으로, '러시아 문화 박물관'에서 이 앨범을 발견한 경위와 역사에 대해 설명합니다. 두 번째 글은 홍선표 박사(Ph.D.)의 "구한말 한러 관계의 형성과 정교회의 한국 전도"로 당시 한국의 정치 및 사회 생활에 대해, 또 한반도에서의 러시아인의 역사에 대해 서술합니다. 세 번째 글 "한국 정교회의 역사 개관"은 테살로니키 대학교 조혜원 박사(Ph.D.)의 원고로 한국 정교회의 역사를 간략하게 소개하고 있습니다. 먼저, 한국 정교회가 1889년부터 1949년까지 러시아 정교회 아래에 있던 시기를 다루고 있습니다. 이어서 한국 전쟁과 전후 시대(1950년-1955년)의 한국 정교회 상황을 소개합니다. 마지막으로 콘스탄티노플 세계 총대주교청 관할 하의(1956년-현재) 한국 정교회의 역사를 간략하게 살피고 있습니다. 콘스탄티노플 세계 총대주교청은 한국뿐만 아니라 극동 아시아(Far East) 지역 전체가 교회법적으로 소속된 곳입니다. 글을 써주신 세 분께 진심으로 감사드립니다.

한국의 대주교이자 일본의 엑사르호스, 암브로시오스 대주교

† 조성암 대주교

Prologue

Undoubtedly, the present Photo Album, which is now published for the first time by the publishing house of the Orthodox Metropolis of Korea and Exarchate of Japan, "Korean Orthodox Editions," is not only of great importance for the history of the Orthodox Church in Korea, but also for the history of Korea and Seoul in particular.

The photographic material preserved in this Album has yet been unpublished. It immortalizes and brings to life in the eyes of the reader, persons and things from the beginning of the life of the Orthodox Church in Korea. Clergy and laymen, Russians and Koreans, adults and children from 1906 to 1930 parade through its pages. The iconostasis of the first church fashioned at a school building of the Mission in Jeong-dong in Seoul, as well as the iconostasis at the missionary station in the village of Gyoha, mark the beginning of the Orthodox mission in Korea.

From another perspective, it presents scenes from daily life in Seoul at the beginning of the 20th century. The photos of the streets of Seoul, the buildings, the palace, and Gwanghwamun Gate, all transport you to a city that you can only meet in your imagination or in the world of fairy tales, because it has nothing to do with the Seoul of today-a megalopolis. The faces of the royal family, the aristocracy, and the poor make up the social classes of the time, and each tells its own story. The Buddhist temple, the group photo with the Anglican bishop, Mark Trollope, and his clergy, the funeral of the last emperor Sunjong with all the Confucian rituals bear witness to the social and religious life of the Korean capital. Also, the members of the Russian families of pre-revolutionary and post-revolutionary Russia, with the women's and men's fashions of the time in their dress and hairstyle, exude a romance and a nostalgic memory of the past now gone forever.

All of the above make the Album at hand a historical document. For this reason, we consider it our duty to express our warm thanks to the "Museum of Russian Culture" (San Francisco) for providing the Album to the Orthodox Metropolis of Korea and Exarchate of Japan for its publication. We deliver it to the public with the confidence that it will be duly appreciated by Korean and non-Korean history and art lovers alike.

The Album is accompanied by three explanatory texts. The first bears the title, "The Russian Spiritual Mission in Korea 1900s-1920s: An Album of Photographs compiled by Archimandrite Feodosii (Fedor Ivanovich Perevalov)," belonging to the librarian of the New York Public Library, Mr. Hee-Gwone Yoo, and explains the discovery of the Album in the Museum of Russian Culture and its history. The second text is entitled, "The Formation of Korean-Russian Relations in the Late Joseon Dynasty and the Korean Mission of the Orthodox Church," which was written by Mr. Sun Pyo Hong (Ph.D.) and refers to the political and social life of Korea at that time and the history of Russians on the Korean Peninsula. The third text entitled, "A Brief History of the Orthodox Church in Korea," was written by Mrs. Hye Won Cho (Ph.D.) of the Aristotle University of Thessaloniki, in which she summarizes the History of the Orthodox Church in Korea. Specifically, it presents the period from 1889 to 1949 when the Orthodox Church in Korea was under the Russian Orthodox Church. It then presents the situation of the Orthodox Church in Korea during the Korean War and the Armistice (1950-1955). Finally, it briefly presents the history of the Orthodox Church in Korea under the Ecumenical Patriarchate of Constantinople (1956 until today), to whom belongs the canonical ecclesiastical jurisdiction of the Korean Peninsula, as well as the entire Far East. We thank them all from the bottom of our hearts.

+ Metropolitan Ambrosios of Korea and Exarch of Japan

+ Metropolitan Ambrosios

■ 차례

제1부

논고

Chapter 1.

Articles

러시아 정교회의 1900-1920년대 한국 선교:
수도대사제 페오도시(표도르 이바노비치 페레발롭)의 수집 앨범

유희권

러시아 자료 전문 위원
미국 뉴욕 공립도서관

● 유희권

유희권(Hee-Gwone Yoo)은 뉴욕 공립도서관 슈워츠먼 빌딩 일반연구부의 수석 사서로, 러시아 시각 자료를 중심으로 한 디지털 프로젝트(Visual Treasures)를 기획 · 진행하였으며, 희귀 도서 컬렉션을 담당하고 있다. 그는 *Russia Engages the World, 1453－1825* (2003), *Russia Imagined, 1825－1925* (2007), *Three Faiths: Judaism, Christianity, Islam* (2010), *Celebrating 100 Years* (2011) 등 주요 전시에 참여하였고, 2006년과 2008년에는 NEH(미국 인문학기금) 여름 연구 프로그램에 스태프로 활동하였다. 국내외 학술대회에서도 활발히 활동해 왔으며, ASEEES(보스턴), ICCEES(베를린, 스톡홀름), 서울, 상트페테르부르크 등에서 수차례 발표를 했다. 뉴욕시립대학교 퀸즈칼리지에서 문학석사(MA)와 도서관학석사(MLS)를 취득했으며, 2008년 공동 저술한 *Visual Resources from Russia and Eastern Europe in The New York Public Library: A Checklist*는 2009년 ARLIS (미국 예술도서관학회)로부터 **Worldwide Books Award**를 수상했다. 그 외 주요 논문으로는 "Vizualnaia knizhnaia Rossiika," *Russkoe Iskusstvo,* "Holdings of Rare Photographs and Plate Books at the Slavic & Baltic Division of The New York Public Library," *Rossia Youngu,* "Pre-Revolutionary Russian Photography at the New York Public Library: An Introduction," *Slavic and East European Information Resources* 등이 있다.

러시아 정교회의 1900-1920년대 한국 선교:
수도대사제 페오도시(표도르 이바노비치 페레발롭)의 수집 앨범

유희권

러시아 자료 전문 위원
미국 뉴욕 공립도서관

2020년 2월, 나의 오랜 동료이자 가끔 협동 작업을 하곤 했던 에드워드 캐시넥(Edward Kasinec)이 스무 장이 넘는 jpeg 이미지 파일을 이메일로 보내왔다. 이메일에는 "한국의 놀라운 사진 앨범입니다!"라는 설명이 곁들여져 있었다. 그가 러시아 문화 박물관(Museum of Russian Culture, MRK 혹은 MRC)[1]에서 발견한 이 사진 앨범은 참으로 놀라운 유물이었다. '페레발롭(Perevalov) 앨범'이라고 불리는 이것은 비교적 작은 사이즈로 (제본 크기는 279×362mm, 큰 사진은 203×203에서 203×267mm, 작은 사진은 76×95에서 152×210mm 정도) 1910년대와 1920년대 한국-대부분 서울-에서 촬영된 사람, 건물, 장소 사진 90점을 담고 있었다. 물론 일부 사진은 누락되어 있기도 했다. 러시아어와 한국어로 표기된 앨범 제목은 다음과 같다. "러시아 정교회 한국 선교회의 1900-1920년대. 1926년 10월에 수도대사제 페오도시 페레발롭(세속명: 표도르 이바노비치 페

1. MRK의 수석 큐레이터인 마르가리타 메니알렌코(Margarita Menialenko) 박사는 박물관의 특성을 다음과 같이 설명한다. "샌프란시스코의 러시안 센터에 있는 러시아 문화 박물관-기록 보관소(The Museum-Archive of Russian Culture)는 러시아 역사와 러시아인 이민에 관한 귀중한 문서를 체계적으로 수집하고 보존하기 위해 1948년에 조직되었다. 1923년 프라하에 설립된 해외러시아역사기록보관소(The Russian Historical Archive Abroad)는 유럽과 극동 지역 지부에 관한 체계적인 자료 수집을 수행했으나, 1945년 소련에 넘겨졌다. 러시아 이빈사들에세 이는 회복할 수 없는 손실이었다. 2차 대전 중과 이후에 많은 러시아 사립 및 공립 도서관, 소장품과 기록 보관소들이 파괴되었다. 전쟁 이후 시작된 러시아 이민자들의 호주, 북미, 남미로의 강제 이주는 새로운 손실을 초래했다. 1947년, 미국 러시아 역사 학회의 회원인 P.F. 콘스탄티노프는 샌프란시스코에 새로운 기록 보관소를 만들기 시작했다. 그는 러시아 디아스포라의 많은 저명한 인물들의 지원을 받았는데, 그 중에는 상트페테르부르크 과학 아카데미 회원 V.N. 이파티예프, 항공학 및 수력학 교수 O.N. 야도프, 항공기 설계자 I.I. 시코르스키, 교수들 I.A. 일린, P.A. 소로킨, A.D. 빌리모비치, P.E. 코발레프스키, M.M. 노비코프 등과 L. 톨스토이의 딸인 A.L. 톨스타야가 있었다. 자료를 수집할 수 있도록 박물관 기록 보관소에서 승인받은 사람은 최대 27개국을 아우른다. 현재 샌프란시스코에 있는 러시아 문화 박물관은 가장 큰 러시아 이민 기록 보관소이다."

레발롭)이 수집한, 한국 서울의 러시아 선교회 관계자들의 1906-1911년과 1917-1926년 모습이 담긴 사진."

나는 곧바로, 이 앨범의 출판이 러-한 관계의 역사와 한국에서의 정교회 선교에 관심이 있는 사람들에게 큰 관심이 될 것이라고 생각했다.

안타깝게도 COVID로 인해 뉴욕 공립도서관에 있는 내 사무실이 2020년 3월에 문을 닫았고, 나는 나중을 기약하며 앨범을 한켠에 보관해두었다. 그러나 2020년 6월 초, 재택근무를 하던 중 앨범을 다시 떠올리게 되었고, 앨범의 배경에 대해 조사하면서 러시아어와 한국어 설명을 영어로 번역하기 시작했다.

참고 문헌에 따르면,[2] 페오도시 사제는 1875년에 구 러시아 제국의 뱟카(Viatka) 지방(지금의 키로프 주)에서 태어나 성 삼위일체 라브라-성 세르기오스(The Holy Trinity-St. Sergius Lavra) 수도원의 게쎄마니 스케테에 몇 년간 머물다가 한국에 선교사로 파견되었다. 그는 세르기(Tikhomirov, 1871-1945) 도쿄 대주교의 축복으로 서울 선교회의 회장으로 임명되어, 1917년부터 1930년까지 사역하였다(그림 1). 그러나 병에 걸려서 1931년 일본으로 이주했고, 그곳에서 1933년에 안식했다. 그후 만주 하얼빈에 묻혔다.

몇 달 후 나는, 1999년에 출판되어 2012년에 한국어로 번역된 디오니시 빠즈드냐예프의 [러시아 정교회 한국 선교 이야기A History of the Russian Spiritual Mission in Korea: A Collection of Articles]를 내 책장에서 우연히 발견했다.[3] 이 책에는 페오도시 사제의 장편 보고서 "한국에서의 러시아 정교회 선교회(1900-1925)"가 수록되어 있었다. 이 글은 1926년 하얼빈에서 별도로 출판된 것이었다. 후에 나는 A.A. 키사무티노프의 중요한 저작(*Russkie volny na Pasifike: Iz Rossii cherez Kitai, Koreiu i Iaponiiu v Novyi Svet* in 2013 (pp.47-48, 247))에 수록된 앨범에서 몇 장의 사진(페오도시 사제가 미하일 김, 알렉세이 김과 같이 찍은 사진, 페오도시 사제의 인물사진, 선교회 건물 앞에 있는 한국 신자들 사진)을 발견했는데, 이 자료에서 키사무티노프는 한국 정교회 초기 선교 역사를 간략하게 설명하고 있었다.

2. *Nezabytye mogily: rossiiskoe zarubezh'e: nekrologi 1917-1997*, 6 vols. V.N. Chuvakov (comp.). Moskva: Rossiiskaia gosudarstvennaia biblioteka, 1999-2007), p. 619 (v. 2, pt 2)
3. Dionisii Pozdniaev, *Istoriia rossiiskoi dukhovnoi missii v Koree: sbornik statei* (Moskva: Izd-vo Sviato-Vladimirskogo Bratstva, 1999); 이정권, 러시아 정교회 한국 선교 이야기, 서울, 홍성사, 2012.

나는 나라역사연구소의 소장(前 독립기념관 한국독립운동사연구소 연구위원, 한국기술교육대학교 겸임교수) 홍선표 박사와 연락을 취했다. 홍 박사는 2021년 이른 봄에 한국 정교회 대교구와 연락하여 논의한 끝에 이 보물 같은 앨범을 출판하는 것에 동의를 받았다.

MRK는 묶여있지 않은 사진과 앨범 약 65권을 소장하고 있는데 여기에 페레발롭 앨범도 포함된다. 일부는 개별 소장품으로, 다른 일부는 일반 소장품으로 보관중이다. 사진은 주로 러시아 내전 이후 중국에 있던 특정 러시아인들, 해외 러시아 정교회에서 했던 러시아 망명자(이민자)들에 관한 여러 활동, 블라디보스톡의 군사 열병식과 군인들, 베이징의 러시아 제국 공관 경비원 등을 주로 묘사하고 있다. 한 예로, 블라디미르 야코블레비치 톨마체프(Vladimir Ia. Tolmachev, 1947년 중국에서 사망)의 앨범은 중국 고고학 탐

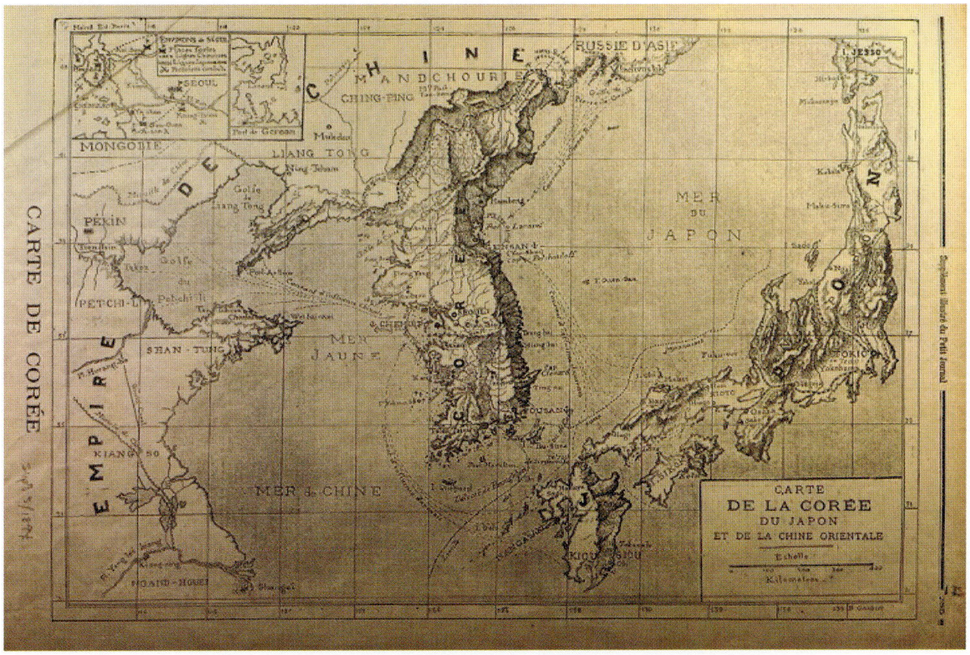

그림 1. 서울과 그 주변, 블라디보스톡을 포함한 1890년대 한국의 지도.
뉴욕 공립도서관, 지도 부문.

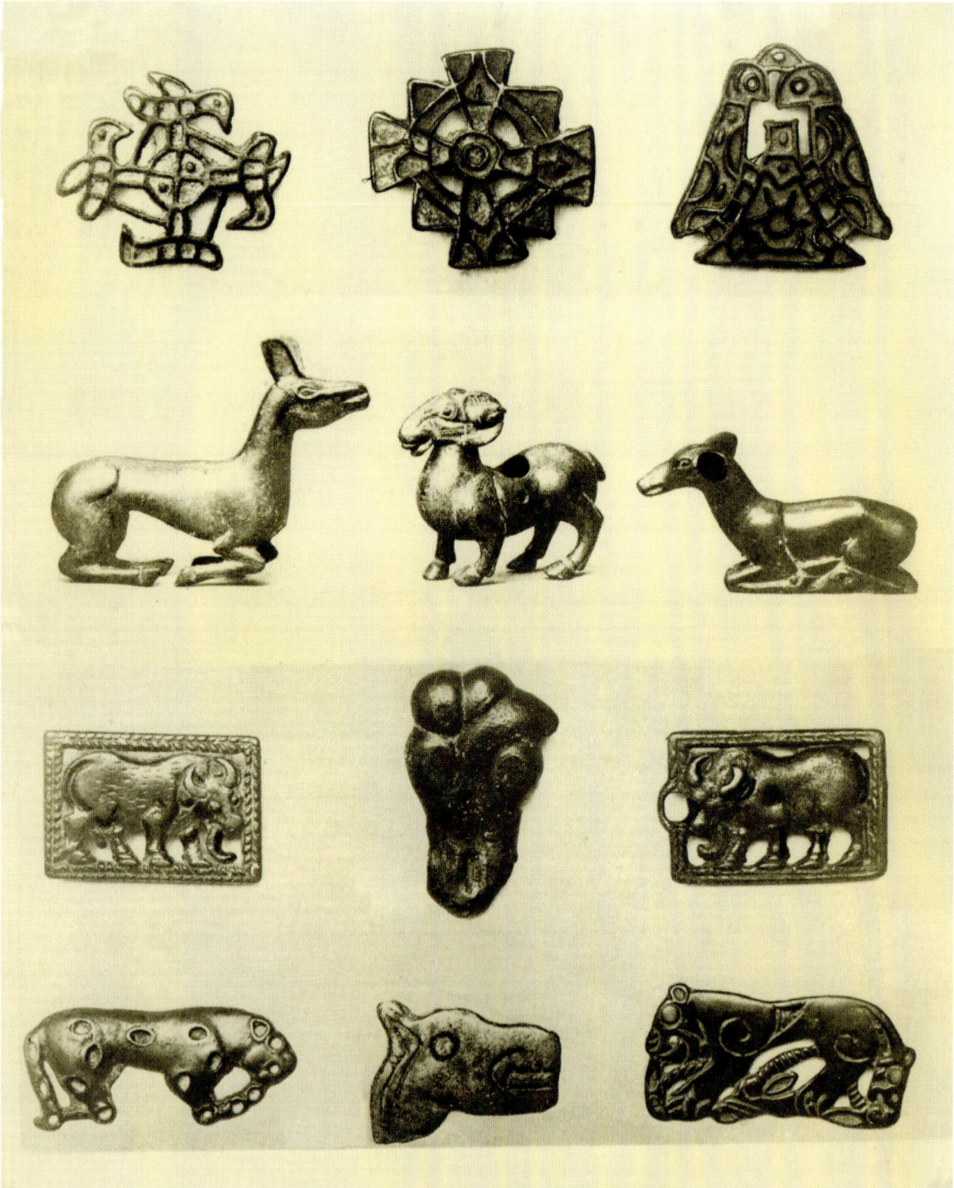

그림 2. 블라디미르 야코블레비치 톨마체프의 앨범에 수록된 이미지.
샌프란시스코의 러시아 문화 박물관 소장.

험 중에 발굴된 고유한 물품들을 담고 있다(그림 2). 이 앨범들과 사진들은 1999–2001년에 진행된 후버 & MRC 프로젝트의 일환으로 마이크로필름으로 촬영되었으며, 마이크로필름 사본은 학술적 사용을 위해 후버 연구소 도서관과 기록 보관소(Hoover Institute Library and Archives)에 보관되고 있고, 앨범들은 MRK에 계속 소장되고 있다.

페오도시 사제가 수집한 앨범의 출처와 이것이 어떻게 MRK로 유입되었는지 그 경로는 여전히 불분명하다.[4] MRK의 부관장인 이브 프랭퀴엔(Yves Franquien)은 최근, 1948년 3월 7일부터 현재까지의 박물관 소장품 등록 기록을 검토했지만 1951년 7월 20일에 기록된 존 그레고리 페레발(John Gregory Pereval 혹은 이반 G. 페레발로프 (Ivan G. Perevaloff))의 편지만 발견했을 뿐이다. 그러나 이 편지는 세르게이 S. 톨스토프 대령의 문서와만 연관이 있다(http://www.mrcsf.org/collections/213).[5] 그럼에도 불구하고 필자는 페레발롭의 앨범이 아직 잘 알려지지 않은 러시아 정교회의 한국 선교 초기 역사를 드러내는 데 기여할 수 있을 것이라고 믿어 의심치 않는다.

---

4. 한국 정교회 대교구의 조혜원 박사는 최근 내게 앨범의 두번째 페이지(113쪽 참조)에 있는 친필 메모에 대해 알려주었다. 이에 따르면, 메모 마지막에 적힌 날짜(1981년 11월 3일)는 기증자가 MRK에 공식적으로 앨범을 기증한 날짜가 아니라, 해당 메모를 남긴 날짜를 나타내는 것으로 보인다.
5. 앨범의 출처 정보, 사진들 크기 정보, 디지털 이미지를 제공해준 MRK의 이브 프랭퀴엔(Yves Franquien) 부관장에게 감사드린다. 그의 연구에 따르면, 페레발(Mr. Pereval)은 1895년 12월 러시아 토볼스크에서 태어났다. 1923년 1월 일본 요코하마를 경유해 샌프란시스코에 도착해 1964년 3월 샌프란시스코에서 사망했다. 그가 페오도시 사제와 어떤 연관이 있었는지에 관해선 명확한 증거가 없다.

감사의 말씀

'러시아 문화 박물관(MRC)'에 대한 설명을 제공해준 MRC의 수석 큐레이터 마르가리타 메니알렌코(Margarita Menialenko) 박사에게, 또 여러 도움을 주고 앨범의 출처 정보와 디지털 이미지를 제공해준 MRC의 이브 프랭퀴엔(Yves Franquien)에게 감사의 말씀을 드린다. 초고를 읽어준 뉴욕 공립도서관의 일반 인문학 부서 미리암 야니(Miriam Gianni)에게도 감사드린다.

컬럼비아 대학교의 러시아, 유라시아 및 동유럽 연구 사서 로버트 데이비스(Robert Davis)는 본 원고를 검토해주었고, 스탠포드 대학교 후버 연구소의 방문 연구원 에드워드 캐시넥(Edward Kasinec)은 대중들도 이 앨범에 접근할 수 있도록 귀중한 지침을 주었다. 끝으로, 이 앨범은 뉴욕 공립도서관의 지원이 없었다면 불가능했을 것이다. 이에 진심으로 감사드린다.

The Russian Spiritual Mission in Korea 1900s-1920s: An Album of Photographs compiled by Archimandrite Feodosii (Fedor Ivanovich Perevalov)

Hee-Gwone Yoo

Slavic Materials Specialist
The New York Public Library

• Hee-Gwone Yoo

Hee-Gwone Yoo is a Senior Librarian at the General Research Division of Schwarzman Building, The New York Public Library. As a librarian, he has begun a digital project "Visual Treasures" of the Library for Russian visual collections, is responsible for rare book collections, involved the former Slavic & Baltic Division's Exhibit, *Russia Engages the World, 1453-1825* in 2003, *Russia Imagined, 1825-1925: The Art and Impact of Fedor Solntsev* in 2007, Library's Exhibit *Three Faiths: Judaism, Christianity, Islam* in 2010, and, *Celebrating 100 Years* in 2011, and was a staff of the Division's NEH Summer Institute in 2006 and 2008. As a speaker, he participated in numerous conferences and talks domestically and internationally, including ASEEES (Boston, 2004, 2007, and 2018), ICCEES (Berlin, 2005 & Stockholm, 2010), and Seoul (Korea, 2006, 2016, 2024) and St. Petersburg (Russia, 2005, 2017). He received his MA and MLS from Queens College, City University of New York. He is the co-author of *Visual Resources from Russia and Eastern Europe in The New York Public Library: A Checklist,* in 2008, which was awarded **Worldwide Books Award** for Publications by the Arts Library Society (ARLIS) in April, 2009, and is the author of articles, including: "Vizualnaia knizhnaia Rossiika," *Russkoe Iskusstvo*, "Holdings of Rare Photographs and Plate Books at the Slavic & Baltic Division of The New York Public Library," *Rossia Youngu,* and "Pre-Revolutionary Russian Photography at the New York Public Library: An Introduction" *Slavic and East European Information Resources*.

The Russian Spiritual Mission in Korea 1900s-1920s: An Album of Photographs compiled by Archimandrite Feodosii (Fedor Ivanovich Perevalov)

Hee-Gwone Yoo

Slavic Materials Specialist
The New York Public Library

In February, 2020, Edward Kasinec, my longtime colleague and sometime collaborator, emailed me over 20 jpeg image files. The message line contained the phrase: "A Sensational Korean Album !" The photograph album he found in Museum of Russian Culture (MRK or MRC)[1] was indeed truly remarkable. The Perevalov album is of relatively small size (the binding size is 279 mm × 362 mm; the large pictures range from 203 mm × 203 mm to 203 mm × 267 mm; the smaller pictures range from 76 mm × 95 mm to 152 mm × 210 mm) and contains ca. 90 photographs of people, buildings, and places, taken in the 1910s and 1920s in Korea (mostly in Seoul), though some were clearly missing.

1. Dr. Margarita Menialenko, Chief Curator of the MRK, provided the following characterization of the institution: "The Museum-Archive of Russian Culture at the Russian Center in San Francisco was organized in 1948 for the purpose of systematically collecting and preserving valuable documents concerning the history of Russia and the Russian emigration. The Russian Historical Archive Abroad founded in Prague in 1923, which had carried out the systematic collection of materials on the European, as well as the Far Eastern, branch of the emigration, was handed over to the USSR in 1945. For Russian émigrés this was an irreplaceable loss. During and after the Second World War many Russian private and public libraries, collections and archives were destroyed. The relocation of Russian émigrés to Australia, North and South America that began after the war led to new losses. In 1947 a member of the Russian Historical Society in America P.F. Konstantinov initiated the creation of a new archive in San Francisco. He was supported by many prominent figures of the Russian diaspora, among whom were academician of the St. Peterburg Imperial Academy of Sciences V.N. Ipatiev, professor of aeronautics and hydraulics O.N. Iadov, aircraft designer I.I. Sikorsky, Professors I.A. Ilyin, P.A. Sorokin, A.D. Bilimovich, and P.E. Kovalevskij, M.M. Novikov and A.L. Tolstaia – daughter of L. Tolstoy, M.M. Novikov and others. Persons authorized by the Museum-Archive to assemble materials encompassed up to 27 countries. At the present time the Museum of Russian Culture in San Francisco is the largest Russian émigré archive."

The full title of the album reads in both Russian and Korean, "Russian Spiritual Mission in Korea 1900s-1920s: An album assembled by Archimandrite Feodosii (Perevalov, Fedor Ivanovich) in October of 1926, depicting people associated with the Russian Spiritual Mission in Seoul, Korea, 1906-1911, 1917-1926."

I immediately thought that the publication of the album would be of great interest to those who concerned with the history of Russo-Korean relations and the Orthodox missionary efforts in Korea.

Unfortunately, due to COVID my offices at the NYPL closed in March 2020 and I lay the album aside. Early in June, 2020, however, while working at home remotely, I recalled the album and started to research its background and began translating the Russian and Korean captions into English.

According to a standard reference work,[2] Father Feodosii was born in Viatka province of the former Russian Empire (now Kirov Oblast) in 1875, and was sent to Korea as a missionary, after staying at a Gethsemane Skete of the Holy Trinity-St. Sergius Lavra for some years. He was appointed as head of the Mission in Korea from 1917 to 1930 with the blessing of the Archbishop of Tokyo, Sergei (Tikhomirov, 1871-1945).(Fig. 1) Because of illness, however, he moved to Japan in 1931 and died there in 1933. He was interred in Harbin, Manchuria.

Some months later, I chanced on a book on my own bookshelves [A History of the Russian Spiritual Mission in Korea: A Collection of Articles] by Dionisii Pozdniaev, which was published in 1999, and translated into Korean in 2012.[3] The book includes Fr. Feodosii's long report "Russian Spiritual Mission in Korea, 1900-1925," which was published separately in Harbin in 1926. The report documents the history of the Russian Spiritual mission in Korea with detailed descriptions of his missionary activities, visits, and meetings. I later found another source by A.A. Khisamutdinov containing some photographs (Fr. Feodosii with Mikhail Kim

2. Nezabytye mogily: rossiiskoe zarubezh'e: nekrologi 1917-1997, 6 vols. V.N. Chuvakov (comp.). Moskva: Rossiiskaia gosudarstvennaia biblioteka, 1999-2007), p. 619 (v. 2, pt 2)

3. Dionisii Pozdniaev, Istoriia rossiiskoi dukhovnoi missii v Koree: sbornik statei (Moskva: Izd-vo Sviato-Vladimirskogo Bratstva, 1999); Chong-Gwon Yi, *러시아 정교회 한국 선교 이야기* (Rŏsia chŏnggyohoe Han'guk sŏn'gyo iyagi) (Sŏul-si: Hongsŏngsa, 2012).

and Alexei Kim; a portrait of Fr. Feodosii; Korean Christians in front of the mission house from the album in his important book, Russkie volny na Pasifike: Iz Rossii cherez Kitai, Koreiu i Iaponiiu v Novyi Svet in 2013 (pp.47-48, 247), in which he described briefly the early history of the Orthodoxy missionary in Korea.

I contacted Dr. Sun Pyo Hong, Director of the NARA Korean History Research Institute(Former Senior Researcher at The Institute of Korean Independence Movement Studies, The Independence Hall of Korea, adjunct professor at KOREATECH), who in conjunction with the Metropolis of Korea in early Spring, 2021, agreed to publish the treasured album.

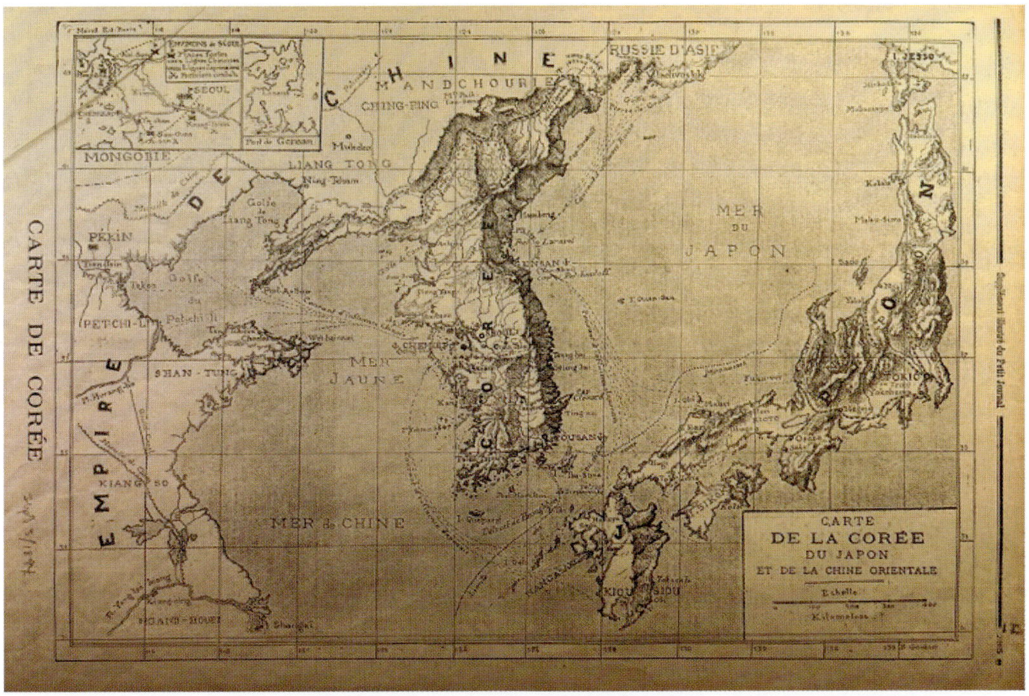

Fig. 1. A map of Korea in the 1890s, including the city of Seoul and its vicinities and Vladivostok. Map Division. New York Public Library.

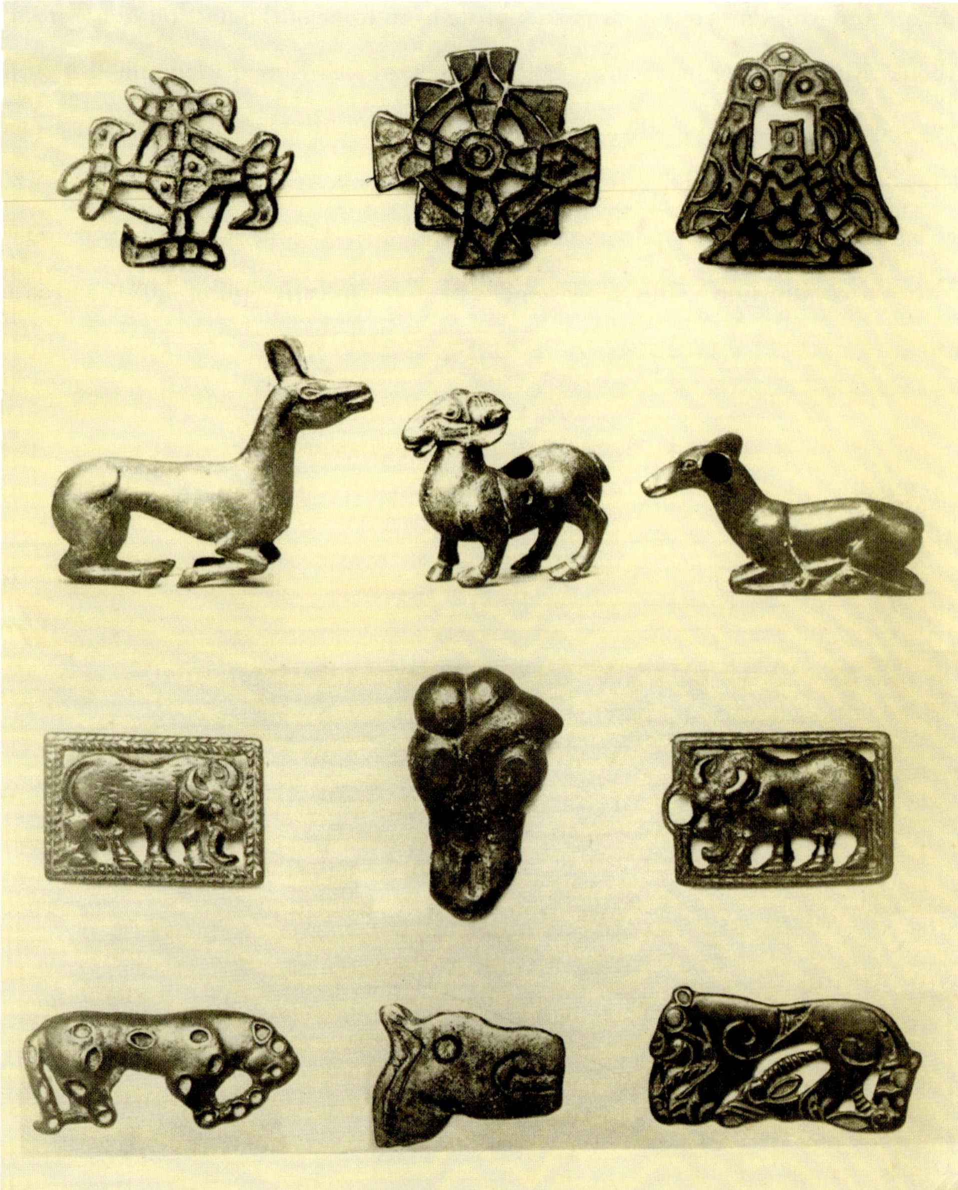

Fig. 2. An image from the album of Vladimir Iakovlevich Tolmachev Papers.
The Museum of Russian Culture, San Francisco.

The MRK houses approximately 65 titles [folia and individual photos] of loose photographs and albums, including Fr. Perevalov's album; some are in individual collections, while others are kept in a general collection. The photographs primarily depict certain Russians in China after the Russian Civil War, Russian émigré affairs and activities of the Russian Orthodox Church abroad, military parades and personnel in Vladivostok, the guards of the Imperial Russian diplomatic mission in Beijing, and others. The album, for example, of Vladimir Ia. Tolmachev (d. China, 1947), depicts unique items unearthed during archeological expeditions in China.(Fig. 2) These albums and photographs were microfilmed as part of the Hoover/MRC project in 1999-2001, and the copies of the microfilms are held at Hoover Institute Library and Archives for scholarly use while the collections are remained at the MRK.

The provenance of the album that Father Feodosii compiled, and its pathway to the MRK remains unclear.[4] Yves Franquien, Vice President of the MRK, recently reviewed the Museum's accession records from 7 March 1948 to the present day, but only found a letter from a John Gregory Pereval (Ivan G. Perevaloff) dated on July 20th, 1951. However, the letter only pertains to the archive of Colonel Sergei S. Tolstov (http://www.mrcsf.org/collections/213).[5] I have no doubt, nevertheless, that the Perevalov album will reveal the little-known history of the early stages of the Russian Spiritual missionary in Korea.

---

4. Dr. Eleni Cho of the Korean Orthodox Church recently notified me about the handwriting of the photo leaf #2 (see, p.113), which notes that the date at the end (Nov.3, 81) appears to indicate the date the writer left the note, rather than the date the donor officially contributed the item to the MRK.
5. I would like to thank Yves Franquien for his efforts and providing provenanced information, the dimensions of the individual pictures, and digital images of the album. According to his research, Mr. Pereval was born in Tobolsk, Russia in December 1895. He arrived in San Francisco by way of Yokohama, Japan in January 1923 and died in San Francisco in March 1964. There is no clear indication if he was related to Archimandrite Feodosii.

Acknowledgements

I would like to express my thanks to Dr. Margarita Menialenko, Chief Curator of the Museum of Russian Culture (MRC), for providing the description of the institution, and to Yves Franquien of the MRC for his assistance, and for providing provenance information and digital images of the album. I also would like to thank Miriam Gianni, General Humanities Division at The New York Public Library for reading the first draft essay.

I am indebted to Robert Davis, Librarian for Russian, Eurasian & East European Studies, Columbia University, for reviewing the manuscripts, and Edward Kasinec, Visiting Fellow at The Hoover Institution, Stanford University, for his invaluable guidance in helping me make this album accessible to the public. This book would not have been possible without the support of The New York Public Library, to which I am sincerely grateful.

구한말 한러 관계의 형성과 정교회의 한국 전도

홍선표

나라역사연구소 소장

●홍선표

한양대학교 사학과 졸업, 동 대학원 석 · 박사

나라역사연구소 소장

공군 역사자문위원

미국 대한인국민회기념재단 역사자문위원

서재필기념회 이사

전 독립기념관 한국독립운동사연구소 연구위원

주요 논저

- *My Days in Korea and Other Essays* (편저), Yonsei University Press, 1999.
- *From the Land of Hibiscus: Koreans in Hawaii, 1903–1950* (공저), University of Hawaii Press, 2007.
- 『자주독립과 통일정부 수립을 위한 재미 한인의 꿈과 도전』, 연세대학교 현대한국학연구소, 2011.
- *Koreans in Central Europe* (공저), Praesens Verlag, Vienna, 2018.
- 「뉴욕 소약국민동맹회의와 재미 한인의 독립운동」, 『동북아역사논총』 제58호, 2017.12.
- 「안중근 의거에 대한 미국 언론의 반응」, 『한국독립운동사연구』 제70집, 2020.5.

구한말 한러 관계의 형성과 정교회의 한국 전도

홍선표(Ph. D.)
나라역사연구소 소장

한러 관계의 형성

조선이 처음으로 러시아와 접촉한 때는 1654년과 1658년 두 차례 나선정벌을 나설 때다. 청나라의 요청으로 청군과 합세한 조선군은 흑룡강 일대에서 러시아 군대와 전투를 펼치면서 처음으로 러시아와 접촉했다. 이후 한동안 조선은 러시아와 접촉할 기회가 없었다. 그런 조선에 러시아에 대한 공포의식을 심어 준 곳은 1850년대 말부터 조선에서 선교활동을 펼치고 있던 프랑스 신부 베르뇌(Siméon-François Berneux: 1861년 조선 입국) 주교와 남종삼 · 홍봉주 등 천주교도들이었다. 조선 내 천주교도들은 남하정책을 펼치고 있는 러시아가 장차 조선에 위협이 될 것이라는 공로(鞏露) 의식을 퍼뜨렸다. 그러한 배경에는 1860년 서구 열강들에 의해 베이징이 함락된 직후 베이징조약으로 러시아가 연해주를 확보하면서 조선과 국경을 맞닿게 되고 러시아가 조선 정부에 통상을 요구(1864)하면서다. 그런데 실상은 병인양요(1866) 때 프랑스가 군함을 조선에 보내 위협을 가한 것과 반대로 러시아는 어떠한 무력 시위나 강압적인 방법으로 조선을 압박하지 않았고 오히려 우호적인 태도를 보였다.

1876년 개항 전후 조선에 러시아에 대한 위협론과 공포 의식을 확산시킨 나라는 청과 일본이다. 그 가운데 청은『사의조선책략(私擬朝鮮策略)』(일명『조선책략』: 황준헌, 1880)을 통해 러시아의 야욕을 강조하고 조선이 러시아를 방어하기 위해선 친중국(親中國), 결일본(結日本), 연미국(聯美國)하여 자체의 자강을 도모하는 외교정책을 펼쳐야 한다고 주장했다. 당시 국제정세에 어두웠던 조선 지배층은 청 · 일의 러시아 위협론을 그대로 수용하려고 했다.

당시 조선에 대한 러시아의 입장은 영국은 물론 청이나 일본과의 대결을 무릅쓰고라도 조선을 차지해야 할 만큼 경제적으로나 군사적으로나 가치 있는 나라로 판단하지 않고 있었다. 그런데다 연해주를 확보했던 러시아는 자체의 군사력이나 경제력을 갖추지 못해 이 지역을 거점 삼아 장차 동아시아로 진출해 청국이나 일본은 물론 조선에 위협을 가할 만큼의 내부 여력도 없었다. 조선의 지배층은 러시아의 동방정책이나 내부 사정 등을 세세하게 알지 못했고 알 수도 없었다.

그런 중 조선의 일부 세력층은 주변국들이 주장하는 것처럼 러시아 위협론을 그대로 느끼거나 받아들이지 않았다. 즉, 조선의 개화파 지식인들은 임오군란(1882) 이후 조선의 독립을 위협하는 나라는 오히려 내정간섭을 강화하고 있는 청으로 인식했다. 예컨대 박영효 · 김옥균 등 개화파 지식인들은 1882-1884년 주일 러시아공사를 통해 대청(對淸) 독립을 위해 러시아와 조약을 체결하고 싶다는 의사를 밝혔다. 이들은 청을 견제하고 청으로부터 조선을 독립시키는 것을 최우선 과제로 인식하였다. 그리하여 기존의 조선책략적 공로(鞏露) 의식에서 탈피해 만국공법적 세계관에서 영국과 프랑스는 물론 러시아까지 끌어들이려 했다. 이런 개화파 지식인들의 노력은 1884년 7월 7일 조로수호통상조약의 체결로 결실을 맺었다. 이로써 러시아는 조선에서 청 · 일 · 영 · 미 등과 나란히 한국의 정치무대에 공식 등장했다.

청은 개항 이후 조선에서 영향력을 확대하고 있던 일본을 견제하기 위해 미국 · 영국 · 독일의 조선 수교를 적극 주선했다. 그렇지만 러시아에 대한 중재에는 관심이 없었다. 이런 상황에 조선이 러시아와 조약을 체결할 수 있었던 데는 청의 과도한 내정간섭에서 탈피하고자 했던 독일인 외교고문 묄렌도르프의 주선이 큰 힘이 되었다.

조로통상조약 체결 이후 조선 정부는 묄렌도르프를 중심으로 인아거청책(引俄拒清策)을 추진하여 1884년 12월부터 1885년 3월 사이 러시아와 밀약(1차)을 추진했고, 묄렌도르프 해임 이후 또 다시 1886년 8월 2차 밀약을 추진했다. 조선 정부가 러시아와 밀약을 추진한 데는 러시아의 군사력으로 조선을 보호국화하기 위함이었다. 이것은 이전의 조선책략적 공로의식에서 완전히 탈피했음을 의미한다. 하지만 현실은 밀약의 실패로 조선에 대한 청의 내정간섭은 더욱 강화되었고 조선의 자주성은 더욱 위협 받았다.

청의 내정간섭이 고조되는 가운데 묄렌도르프의 후임으로 임명받은 외교고문 데니(Owen N. Denny)의 반청(反淸) · 다변(多邊) 외교활동으로 조선 정부는 프랑스와 외교관계를 수립하고(1886.6.4.) 이어서 러시아와 조로육로통상조약을 체결(1888.8.20.)했다. 조로육로통상조약의 체결은 러시아에게 조선에 대한 상업적 이익에 대한 관심을 증폭시켜 이후 조선 진출에 대한 적극적인 태도로 나아가게 했다.

러시아의 조선 진출

유럽의 변방국인 러시아는 16세기부터 시베리아 정복을 통한 대륙 팽창정책을 펼쳤다. 서구 제국주의 열강들이 해양을 장악해 식민지를 개척하고 있는 상황에 해양 진출의 길을 접고 대신 대륙 진출로 방향을 틀었기 때문이다. 그리하여 러시아는 청과 네르친스크조약(1689.8), 캬흐타조약(1727.9) 등의 조약을 체결하여 청의 국경까지 진출하였고, 나아가 1860년 11월 영 · 불 연합군측 간의 화의를 주선하는 대가로 청과 베이징조약을 체결하여 광대한 연해주 지역을 확보했다. 연해주를 확보한 러시아는 동아시아 진출을 본격화하기 위해 1891년 시베리아 횡단 철도 부설공사를 착수하였다.

러시아의 조선에 대한 관심은 처음부터 그리 높지 않았다. 군사적으로나 경제적으로나 조선을 낮게 평가했기 때문에 그저 현상유지와 관망정책으로 일관했다. 그러다 미국 · 영국 · 독일 등의 서구 열강들이 조선과 수교하는 것을 보고 조선에 대한 개입 정책으로 나아가 마침내 1884년 7월 조로수호통상조약을 체결하였다. 그렇지만 여전히 러시아는 조선에 대해 소극적인 정책을 펼쳤고 1888년 8월 조로육로통상조약을 체결하면서부터 적극적인 관심으로 전환하기 시작했다.

러시아가 조선의 정치문제에 적극 개입하게 된 데는 청일전쟁(1894-1895) 직후 삼국간섭으로 러시아의 힘을 확인한 조선 정부가 친러정책을 펼치기 시작하고 을미사변(1895.10) 이후 고종이 아관파천(1896.2)을 단행하면서다. 당시 주한 러시아공사 베베르(К. И. Вебер)는 조선과 고종을 위한 고문 역할을 자처하며 조선 정부 내에서 큰 영향력을 행사했는데 이런 그의 노력은 조선 정부의 친러정책 등장과 아관파천으로 이어지게 했다.

아관파천을 단행한 고종은 새로 즉위한 러시아 황제 니콜라이 2세의 대관식에 축하사절단을 보내달라는 러시아의 요청에 응해 1896년 4월 민영환을 특명전권공사로 하는 사절단을 페테르부르크로 보냈다. 그곳에서 민영환은 러시아에 군사교관 파견을 공식 요청했고 여기에 응답한 러시아는 1896년 10월 처음으로 160여 명의 군사교관단을 서울로 보냈다.

러시아 군사교관단(단장 푸티아타: Д. В. Путята)은 대한제국의 궁궐 호위를 위한 군사훈련에만 그치지 않았다. 대한제국의 재정까지 개입하며 대한제국의 군사와 재정을 통제하고 장악하려 했다. 러시아의 보호를 기대했던 고종 황제는 이런 러시아의 야욕을 확인하자 러시아에 대한 반감을 갖기 시작했다. 그런 중에 1898년 2월부터 독립협회가 반러운동을 확산시키자 러시아는 동년 3월 서울 주재 러시아 재정고문과 군사교관단을 철수시켰다. 이들의 철수는 대한제국에 대한 러시아의 영향력을 급격히 축소시켰고 그동안 쌓아온 한러관계를 악화시켰다. 거기다 대한제국에 대한 일본의 특수이익을 인정한 니시-로젠협정의 체결(1898.4.25.)로 러시아가 향후 대한제국의 내정에 불간섭하기로 방침을 세움으로써 한러관계는 더욱 심각해졌다.

러시아가 대한제국에 대해 불간섭 방침을 세우게 되자 당황한 측은 고종 황제였다. 그는 러시아를 경원시하는 이전의 태도에서 벗어나 러시아 정교회의 사원 건축 부지를 제공하려 하는 등 우호적인 태도를 보이고 러시아에 차관 도입을 의뢰하는 등 한러관계 회복에 힘썼다. 이를 위해 1898년 12월 반러운동을 주도한 독립협회를 강제 해산시키고 황국협회 중심으로 친러정부를 수립하였다. 이후 고종 황제는 러일전쟁 때와 을사늑약(1905.11.17.), 그리고 헤이그 만국평화회의 특사 파견 외교활동(1907.6.-7.) 때 일관되게 친러정책을 펼쳤다.

1898년 3월 청에게 여순 · 대련을 조차한 러시아는 만주 주둔군을 12,500명에서 35,000명으로 증가시키는 등 만주 전역을 장악하는 데 혈안이 되어 조선 문제에 관심을 기울일 여력이 없었다. 특히 의화단운동을 빌미로 러시아는 1900년 11월 만주에 러시아군 20만 대군을 파견해 사실상 만주를 점령하였고 1902년에는 만주를 직접 통치하기 위해 극동총독부까지 설립하였다. 러시아는 만주를 거점 삼아 당시 한반도를 장악하려는 일본을 견제하고 대비하려 했다. 그러나 러일전쟁 발발 때 러시아가 일본에 사실상 패퇴하면서 그러한 계획은 어긋나고 말았다. 포츠머스강화조약(1905.9.5.) 이후 러시아의 영향력은 한반도뿐만 아니라 만주에서까지도 급격히 축소되고 말았다.

러시아 정교회의 조선 전도

러시아 정부는 1884년 7월 조선과 조로수호통상조약을 체결할 때 개항지 내 러시아인의 종교적 자유를 보장하는 조항을 삽입함으로써 향후 조선에서 일어날 종교문제의 여지를 없애려 했다. 이어서 조로육로통상조약도 체결되자 1889년 4월 서울 주재 러시아 공사관 서기관 슈이스키(Н. А. Шуйский)가 외무대신에 보낸 보고서에서 처음으로 정교회의 조선 전파 필요성을 제기했다. 그러나 러시아 정부는 정교회의 조선 전도문제를 심각하게 받아들이지 않았다.

러시아 정부가 정교회의 조선 전파의 필요성을 검토하기 시작한 때는 아관파천으로 친러정부가 세워진 대한제국에 러시아 군사교관단이 내한하고 조선 거주 정교도의 수가 150여 명이 되면서다. 서울 주재 러시아 외교사절단 소속 2등관 폴랴놉스키(З. М. Поляновский)는 조선에 정교회 설립이 시급하다는 서한을 러시아 정부에 보냈다. 이에 러시아 재무대신 비테(С. Ю. Витте)는 조선에 정교회를 설립할 것을 신성종무회의에 제안하였고 신성종무회의는 1897년 7월 소규모의 선교회를 꾸려 조선에 파견하기로 결정했다. 그리고 암브로시 구드코를 수도대사제로 하는 선교회를 조직해 조선 파견을 추진했다. 그런데 1898년 2월 독립협회의 반러운동의 여파로 서울 주재 러시아 재정고문과 군사교관단이 한국을 떠나게 되면서 정교회의 선교사 파견 계획도 철회되었다.

러시아 정교회가 다시 한국 파견 계획을 추진하게 된 데는 고종황제가 독립협회를 강제 해산하고 친러

정부를 수립해 한러관계를 회복하면서다. 여기에 고무된 러시아의 신성종무회의는 1899년 9월 조선선교회를 재조직하고 파견을 서둘렀다. 그 결과 1900년 2월 정교회의 조선선교회가 서울에 도착함으로써 러시아 정교회의 첫발을 내디뎠다. 첫걸음을 시작한 조선선교회를 제1차 선교회라 부른다.

제1차 선교회의 선교활동은 1904년 2월 러일전쟁의 발발로 중단되었다가 1906년 8월 재개되었다. 재개 이후 1912년까지를 제2차 선교회 활동 기간으로 본다. 본 사진 앨범의 주인공인 페오도시 페레발롭(Феодосий Перевалов)은 제2차 선교회 활동 기간인 1906년부터 1911년까지 대한제국에서 활동했고 이후 다시 방한해 1917년부터 1930년까지 선교활동을 펼친 인물이다.

한국에 첫 발을 내디딘 러시아 정교회는 한국인 전도를 본격화하기 위해 1903년 4월 서울 정동에 성당(니콜라이 성당)을 설립하였다. 또 한글 번역사업을 펼쳐 정교회의 교리를 전파하였고, 보정(補正)학교와 보정여학교를 설립해 근대 교육을 펼치는 등 구한말 격동의 시기에 꿋꿋하게 선교활동을 이어갔다.

The Formation of Korean-Russian Relations in the Late Joseon Dynasty and the Korean Mission of the Orthodox Church

Sun Pyo Hong

Director of the NARA Korean History Research Institute

• Sun Pyo Hong

Graduated from the Department of History, Hanyang University and completed Master's and Doctoral degrees at the same university.

Director of the NARA Korean History Research Institute

Historical Advisor to the Republic of Korea Air Force

Historical Advisor to the Korean National Association Memorial Foundation in the U.S.A.

Board Member of the Philip Jaisohn Memorial Foundation

Former Senior Researcher of The Institute of Korean Independence Movement History at Independence Hall of Korea

Major Research Books and Articles

- *My Days in Korea and Other Essays* (editor). Yonsei University Press, 1999.
- *From the Land of Hibiscus: Koreans in Hawaii, 1903–1950* (co-authored). University of Hawaii Press, 2007.
- *Korean Dreams and Challenges for Independence and the Establishment of a Korean Unification Government in the United States.* Institute of Modern Korean Studies, Yonsei University, 2011.
- *Koreans in Central Europe* (co-authored). Praesens Verlag, Vienna, 2018.
- "The Congress of the League of Small and Subject Nationalities in New York and the Korean Independence Movement in the United States." *Journal of Northeast Asian History* 58 (December 2017).
- "American Newspapers' Reaction to Ahn Jung-geun's Patriotic Action." *The History of Korean Independence Movement* 70 (May 2020).

The Formation of Korean-Russian Relations in the Late Joseon Dynasty and the Korean Mission of the Orthodox Church

Sun Pyo Hong(Ph. D.)

Director of the NARA Korean History Research Institute

The Formation of Korean-Russian Relations

The first contact between Joseon (Korea) and Russia occurred during the two Sino-Korean allied expeditions against Russia in 1654 and 1658. At the request of the Qing Dynasty, Joseon troops joined forces with the Qing army and faced Russian troops in battles around the Amur River region. After these encounters, Joseon did not have further contact with Russia for a long time. The fear of Russia in Joseon began to take root in the late 1850s, influenced by French missionary Bishop Siméon-François Berneux (who entered Joseon in 1861) and Korean Catholics like Nam Jong-sam and Hong Bong-ju. They spread the notion that Russia's southern expansion policy would pose a future threat to Joseon. This fear was fueled by the fact that after the Treaty of Beijing of 1860 (signed following the capture of Beijing by Western powers), Russia secured Primorsky Krai (the Maritime Region), bringing it into direct contact with Joseon's border. Russia also demanded trade with the Joseon government in 1864. However, unlike France, which threatened Joseon with warships during the French Campaign against Korea in 1866, Russia did not use military demonstrations or methods of coercion. Instead,

Russia maintained a friendly attitude towards Joseon.

Around the time Joseon opened its ports in 1876, it was the Qing and Japan that spread the fear and threat of Russia. The Qing emphasized Russia's ambitions through the "Korea Strategy" (『私擬朝鮮策略』, commonly known as 『조선책략』) by Huang Zunxian in 1880. This document stressed Russia's expansionist desires and suggested that Joseon should adopt a foreign policy of aligning closely with China, forming an alliance with Japan, and to foster relations with the United States to strengthen itself against Russia. The ruling class in Joseon, unfamiliar with international affairs at the time, attempted to accept the Russian threat theory propagated by the Qing and Japan without question.

However, Russia's stance towards Joseon at the time was that it did not regard Joseon as economically or militarily valuable enough to risk a confrontation with Britain, the Qing, or Japan. Furthermore, although Russia had acquired Primorsky Krai, it lacked the military and economic strength to use it as a base to expand into East Asia, threatening China, Japan, or Joseon. Joseon's ruling class had neither the means nor the knowledge to fully understand Russia's Eastern policies or its internal circumstances.

Meanwhile, some factions in Joseon did not fully feel or accept the Russian threat theory as claimed by neighboring countries. Thus, after the Imo Incident of 1882, the Reformist intellectuals of Joseon perceived the main threat to Joseon's independence, rather, to be the Qing, which was increasing its interference in Joseon's internal affairs. For instance, Reformist intellectuals like Park Yeong-hyo and Kim Ok-gyun expressed their desire to sign a treaty with Russia through the Russian envoy to Japan between 1882 and 1884, aiming to secure independence from Qing. They prioritized checking China's influence and freeing Joseon from Chinese control. To this end, moving away from the traditional "Korea Strategy" view, they tried to adopt a global perspective based on international law and sought to involve not only Britain and France, but also Russia. These efforts by the Reformist intellectuals culminated in the signing of the Korea-Russia Treaty of Amity and Commerce on July 7, 1884. This treaty marked Russia's official entry into the political scene in Korea, alongside the Qing,

Japan, Britain, and the United States.

Aiming to counter Japan's growing influence in Joseon after its ports were opened, China actively facilitated Joseon's diplomatic relations with the United States, Britain, and Germany. However, China showed no interest in mediating with Russia. Under these circumstances, the mediation by German diplomatic adviser Paul Georg von Möllendorff, who sought to reduce China's excessive interference, played a significant role in enabling Joseon to sign the treaty with Russia.

After the signing of the Korea-Russia Treaty of Amity and Commerce, the Joseon government, led by Möllendorff, pursued a policy of attracting Russia to counter China (引俄拒淸策). Between December 1884 and March 1885, they attempted to form a secret agreement with Russia (the first secret agreement), and after Möllendorff's dismissal, they pursued a second secret agreement in August 1886. The aim of these secret agreements was to use Russian military power to protect Joseon, which indicated a total departure from the previous Korea Strategy mindset. However, the failure of these secret agreements led to an increase in interference in Joseon's internal affairs by China which further threatened Joseon's sovereignty.

As Chinese interference began to escalate, Owen N. Denny, who succeeded Möllendorff as the foreign advisor, engaged in anti-Chinese and multilateral diplomatic activities. Under his guidance, the Joseon government established diplomatic relations with France on June 4, 1886, and afterwards signed the Korea-Russia Commerce and Navigation Treaty on August 20, 1888. This treaty increased Russia's commercial interest in Joseon and led to a more proactive approach in Russia's involvement in Korea.

Russia's Expansion into Korea

Being a peripheral European country, Russia pursued a policy of continental expansion through the conquest of Siberia starting in the 16th century. As Western imperialist powers dominated the seas and established colonies, Russia-unable to pursue maritime expansion-turned its focus to the continent. This led to the signing of treaties with the Qing Dynasty, such as the Treaty of Nerchinsk (August 1689) and the Treaty of Kyakhta (September 1727), expanding its borders up to those of the Qing. Further, in November 1860, Russia secured the vast region of Primorsky Krai through the Treaty of Beijing, mediated as part of peace negotiations with the British-French allied forces. Having secured Primorsky Krai, Russia began its full-scale advance into East Asia by initiating the construction of the Trans-Siberian Railway in 1891.

Initially, Russia did not have significant interest in Joseon. Militarily and economically, Russia considered Joseon to be of low value, maintaining a policy of status quo and observation. However, witnessing the Western powers-such as the United States, Britain, and Germany-establish diplomatic relations with Joseon, Russia shifted to a policy of intervention, culminating in the signing of the Korea-Russia Treaty of Amity and Commerce in July 1884. Despite this, Russia continued to adopt a passive policy towards Joseon until the Korea-Russia Commerce and Navigation Treaty that was signed in August 1888, marking the beginning of a more proactive interest in Joseon.

Russia's involvement in Joseon's political matters began actively following the First Sino-Japanese War (1894-1895). After the war, the Joseon government started adopting a pro-Russian policy, especially following the Eulmi Incident (October 1895) and King Gojong's flight to the Russian legation (A-Gwan-Pa-Cheon) in February 1896. During this period, Karl Ivanovich Weber, the Russian minister to Korea, played a significant advisory role to King Gojong and exerted substantial influence within the Joseon government. His efforts contributed to the rise of pro-Russian policies and King Gojong's refuge in the Russian legation.

In response to a request from Russia to send a congratulatory delegation for the coronation of the newly enthroned Russian Emperor Nicholas II, King Gojong dispatched a special envoy led by Min Young-hwan to St. Petersburg in April 1896. During this visit, Min Young-hwan officially requested the dispatch of Russian military instructors. In response, Russia sent the first group of about 160 military instructors to Seoul in October 1896.

The Russian military advisory group (led by Dmitry Vasilyevich Putyata) did not limit its activities to just training the Imperial Korean Palace guards. They also intervened in Korea's finances, attempting to control and dominate the military and financial aspects of the Korean Empire. Initially, King Gojong sought Russia's protection, but he grew resentful upon recognizing Russia's ambitions. Meanwhile, the Independence Club began spreading anti-Russian sentiments from February 1898. Consequently, in March of the same year, Russia withdrew its financial advisors and military instructors from Seoul. This withdrawal sharply reduced Russia's influence in Korea and deteriorated the Russian-Korean relationship. Furthermore, the signing of the Nishi-Rosen Agreement on April 25, 1898, which acknowledged Japan's special interests in Korea, marked Russia's commitment to non-interference in Korea's internal affairs, further straining Russian-Korean relations.

When Russia adopted a policy of non-intervention toward the Korean Empire, King Gojong was taken aback. Moving away from his previous wary stance toward Russia, he attempted to restore friendly relations by offering to give land for the construction of a Russian Orthodox Church and requesting a loan from Russia. To achieve this, he forcibly disbanded the anti-Russian Independence Club in December 1898 and established a pro-Russian government centered around the Imperial Association. Throughout the Russo-Japanese War, the signing of the Eulsa Treaty (November 17, 1905), and the dispatch of a special envoy to the Hague Peace Conference (June-July 1907), King Gojong consistently pursued pro-Russian policies.

In March 1898, Russia leased Port Arthur and Dalian from China and increased its troops in Manchuria from 12,500 to 35,000, focusing intensely on controlling the entire region, thus having no capacity to pay attention to the Joseon issue. Exploiting the Boxer Rebellion as a pretext, Russia deployed 200,000 troops to Manchuria in November 1900, effectively occupying the region, and in 1902 established the Governor-General of the Far East to directly govern Manchuria. Russia aimed to use Manchuria as a base to counter and prepare for Japan's ambitions to dominate the Korean Peninsula. However, Russia's defeat to Japan in the Russo-Japanese War derailed these plans. The Treaty of Portsmouth (September 5, 1905) significantly reduced Russia's influence not only on the Korean Peninsula, but also in Manchuria.

The Missionary Work of the Russian Orthodox Church in Korea

When the Russian government signed the Korea-Russia Treaty of Amity and Commerce in July 1884, it included a provision ensuring the religious freedom of Russians in open ports, aiming to eliminate any future religious issues in Korea. Following this, the Korea-Russia Commerce and Navigation Treaty was signed, and in April 1889, Shuysky, a secretary at the Russian legation in Seoul, first raised the need to spread the Orthodox Church in Korea in a report to the Minister of Foreign Affairs. However, the Russian government did not initially take the issue of Orthodox missionary work in Korea seriously.

The Russian government began to consider the necessity of spreading the Orthodox Church in Korea after King Gojong's flight to the Russian legation (A-Gwan-Pa-Cheon), which established a pro-Russian government in the Korean Empire, and the arrival of the Russian military advisory group. The number of Orthodox Christians residing in Korea had grown to about 150. Polyanovsky, a second secretary of the Russian diplomatic mission in Seoul, sent a letter to the Russian government stressing the urgent need to establish the Orthodox Church in Korea. In response, Vittye, the Russian Minister of Finance, proposed the establishment of an Orthodox Church in Korea to the Holy Synod. In July 1897, the Holy Synod decided to send a small missionary group to Korea, led by Archimandrite Ambrosy Gudko. However, due to the anti-Russian movement led by the Independence Club in February 1898, the Russian financial advisor and military instructors in Seoul were compelled to leave Korea. As a result, the plan to dispatch Orthodox missionaries was also abandoned.

The Russian Orthodox Church's mission to Korea was revived after King Gojong forcibly disbanded the Independence Club, established a pro-Russian government, and restored Russian-Korean relations. Encouraged by these developments, the Holy Synod of Russia reorganized the Korean mission in September 1899 and sped up its deployment. Consequently, the Russian Orthodox mission arrived in Seoul in February 1900, marking the first step of the Russian Orthodox Church's mission in Korea, known as the First Mission.

The activities of the First Mission were interrupted by the outbreak of the Russo-Japanese War in February 1904 and resumed in August 1906. The period from 1906 to 1912 is considered the Second Mission period. Feodosii Perevalov, the subject of this photo album, was active in Korea from 1906 to 1911 during the Second Mission period and returned for missionary work from 1917 to 1930.

To intensify its missionary work among Koreans, the Russian Orthodox Church established the church of St. Nicholas in Jeong-dong, Seoul, in April 1903. Additionally, the church engaged in translating religious texts into Korean to disseminate its teachings. It also founded Bojeong School and Bojeong Girls' School, contributing to modern education during the turbulent late Joseon period, thus steadfastly continuing its missionary efforts.

한국 정교회의 역사 개관

조혜원

정교회출판사 편집부

● **조혜원**

연세대학교 국어국문학사, 노어노문학사

그리스 국립 테살로니키 대학교 신학 석사, 박사

한국외국어대학교 그리스 · 불가리아학과 강사

현 정교회출판사 편집부

한국 정교회의 역사 개관[1]

조혜원(Ph. D.)

정교회출판사 편집부

1. 러시아 정교회의 한국 선교 활동 (1889-1949)

1a. 《러시아 정교회 한국 선교회》 설립을 위한 준비 과정 (1889-1900)

조선왕조 (1392-1897) 말기에 한국은 서구 문명의 영향 아래, 전통적인 봉건 사회에서 근대 사회로의 개혁기를 지나고 있었다. 유럽의 여러 나라들, 미국, 캐나다, 러시아 등과 외교, 무역, 경제적 수교를 맺으며 국내에는 외교관 및 무역상들이 들어와 정착하기 시작했다.

1888년 조로육로통상조약이 체결되었는데, 이 조약에 따르면 러시아 시민들은 자신들의 거주지역에서 종교 활동을 자유롭게 할 수 있었다. 이 조약은 후에 한국에서 정교회 선교회를 설립하여 한국인들에게 정교회 신앙을 선교할 수 있는 법적 근거가 되었다.

주한 러시아 공사관의 서기 슈이스키(Н. А. Шуйский)는 1889년 4월 러시아 외교부에 보고서를 보내, 한국에 선교 활동을 시작할 것을 제안했다. 그는 정교회가 한국인들에게 전파된다면, 특히 정교회 신앙과 동일

1. 본고는 조혜원(Hye Won Cho)의 박사논문 "Το ορθόδοξο μήνυμα στην Κορέα: Μετάδοση και πρόσληψη (The Orthodox message in Korea: Transmission and reception) (2021)"에 기반한 것이다.

시되는 러시아인들로부터 직접 전파된다면, 러시아가 정치적, 지리적으로 이점을 얻을 것이라고 강조했다. 《한국의 지리적 위치와 정치적 상황은 러시아의 국가적 이익을 위해 매우 중요하며, 인접해 있는 아시아 강대국 중국과 일본이 의심할 여지없이 강해짐에 따라 그 중요성은 더욱 증대될 것입니다. 이것은 우리가 추후에 한국에서 정치적 영향력을 구축하는 데 기반이 될 문화적 영향력을 얻을 수 있는 방법을 모색하게 합니다.》

슈이스키는 당대 한국의 정치적, 종교적 상황을 면밀히 연구했고, 《러시아 선교회》 설립을 주장했는데 이는 분명 정치적인 목적을 염두에 둔 것이었다. 그러나 이 사건은 러시아 제국의 내부 문제와 적절한 선교사의 부재로 인해 향후 7년 동안(1889-1896) 별다른 진척을 보이지 않았다. 한편, 제1차 청일전쟁(1894-1895)과 러시아의 극동으로의 확장 이후, 1895년부터 1897년까지 한국 내에서 러시아의 정치적 영향력은 급격히 확대되었다.

한국에 정교회 선교회를 설립하는 문제는 1897년 1월, 주한 러시아 부영사 폴랴놉스키(З. М. Поляновский)에 의해 다시 제기되었는데, 그는 선교회 설립의 필요성을 정치적인 이유뿐만 아니라 종교적이고 영적인 이유에 호소하였다. 그가 러시아 외교부에 보낸 보고에 따르면, 당시 서울에는 외교사절단 외에도 120명의 러시아인 정교인과 관헌 러시아 통역관으로 활동하던 30명의 한인 정교인들이 있었다. 그러나 정교회 성당과 사제가 없었기 때문에 이들은 영적, 종교적 필요를 충족시킬 수 없었다. 특히 한인 정교인들의 경우, 신앙을 잃지 않으려면 사목적 돌봄과 예배 생활이 절실히 필요한 상황이었다.

러시아 선교회 설립에 관한 또 다른 의견은 청일전쟁 이후 극동에서 러시아 영향력의 확장을 주도한 러시아 재무장관 비테(С. Ю. Витте)에 의해 1897년 6월 제기되었다. 비테는 먼저 서울의 정치, 경제 상황을 알 수 있는 보고서들과 한국 정교회 선교회 설립에 관한 슈이스키의 보고서를 검토하였다. 그런 다음, 러시아 정교회 시노드에 선교회 설립 요청서를 제출하였는데, 한국에서 정교회 선교를 통해 얻을 수 있는 정치적 이익과 정교회 공동체가 발전되어야 할 필요성에 대해 강조하였다.

1897년 7월 2일, 러시아 정교회 시노드는 니콜라이 황제 2세의 승인 하에 러시아 교회의 해외 선교 시 적용되는 공통된 기반 위에서 《러시아 정교회 한국 선교회》 설립을 결정하였다(2195번 결정문). 명시된 목표는 "한국에 거주하는 러시아 정교인들의 종교적 필요를 충족시키고, 이교 신앙을 믿는 한국 토착민들에게 거룩한 정교회 믿음을 잠재적으로 전파"하는 것이었다. 또, 새로 설립된 선교회는 상트페테르부르크 대교구의 관할 안에 속하고, 시노드로부터 재정을 지원받기로 결정되었다.

1897년 10월 9일, 시노드는 암브로시 구드코(Амвросий Гудко) 수도사제(Hieromonk)를 한국 정교회 선교회의 책임자로 선출하였다. 상트페테르부르크 신학교를 졸업하고 빈스크 교리학교의 책임자였던 그는 선교회장 임명과 함께 수도대사제(Archimandrite)로 승격되었다. 그와 함께 수도보제(Hierodeacon) 니콜라이 알렉세예프(Николай Алексеев)와 성가와 봉독을 담당할 알렉세이 크라신(Алексей Красин)이 첫번째 선교회 구성원으로 내정되었다.

세 사람은 1898년 초에 여러 교회 용품을 싣고 상트페테르부르크에서 서울로 출발했다. 그러나 한국 내에서 한러 관계가 악화되고 러시아의 영향력이 약화되면서, 러시아 선교사들은 한국으로 입국할 수 없었다. 한러 상황이 개선될 때까지 러시아 땅, 프리모르스크 주 노보키예프스크(오늘날의 크라스키노)에 머물러야 했다. 입국을 기다리는 동안 암브로시 사제는 노보키예프스크 당국과 불거진 문제 때문에 선교사 임명이 취소되었다. 그리하여 결국 니콜라이 보제와 알렉세이 크라신만이 1899년 초에 성화벽(이코노스타시스), 성직자복, 일부 전례 서적, 성화 및 기타 교회 용품을 가지고 국경을 넘어 서울에 도착했다.

두 선교사는 새 선교회장을 기다리는 동안 한국어를 배우고 한국인들과 교류를 가지기 시작했다. 러시아 공관 내부에 공간을 마련하여 성화벽을 세우고, 주일과 주요 축일에는 한인 정교회 신자들도 참석할 수 있는 기도회를 열었다. 그러나 알렉세이 크라신은 서울에 오래 머물지 못하고 몇 달 후에 한국을 떠났다.

정교회 선교회가 설립된 이후, 부지를 매입하여 정교회 성당과 선교회 건물을 지어야 할 필요가 대두되었는데, 정교회 공동체와 러시아 외교관들의 결정에 따라 이 부지는 러시아 공관 근처에 확보되어야 했다. 1898년 1월, 고종 황세는 아관파천 때 러시아가 주었던 도움에 대한 감사의 표시로 정동 러시아 공관 부근에 있는 약 1,300㎡의 부지를 러시아에 하사하겠다는 뜻을 밝혔다. 결국 이 부지는 1898년 초에 정교회 선교회의 소유가 되긴 했는데, 그 부지의 일부를 소유하고 있던 프랑스 로마 가톨릭 선교회와의 갈등을 피하기 위해, 고종으로부터 하사 받는 것이 아닌, 러시아가 구입하는 형식으로 마무리되었다.

1b. 《러시아 정교회 한국 선교회》와 그 활동(1900-1917)

1899년 9월 7일, 시노드의 결정으로, 카잔 신학 아카데미를 졸업한 흐리산프 쉣콥스키(Хрисанф Щетковский) 수도대사제가 암브로시 사제의 뒤를 이어 선교회장으로 임명되었다. 흐리산프 사제와 함께 그의 친구 요나 레프첸코(Иона Левченко)가 알렉세이 크라신을 대신하여 봉독자와 성가대로 임명되었다. 두 사람은 1900년 1월 초에 서울에 도착했고 이미 서울에 도착해 있던 니콜라이 보제와 함께 실질적인 첫 선교회 구성원이 되었다. 그들의 첫 관심사는 성찬예배를 드리는 것이었는데, 성당과 선교회 건물들이 아직 세워지지 않았기 때문에, 성화벽, 성화, 성물들로 적절하게 준비된 러시아 공관의 한 방에서 예배를 거행해야 했다. 그리하여 1900년 2월 17일, 티론의 테오도로스 대순교 성인의 축일, 니콜라스 성인에게 봉헌된 임시 성당이 축성되었고 그곳에서 한국 최초로 성찬예배가 거행되었다. 2월 17일은 오늘날까지도 한국 정교회의 시작일로 여겨진다.

흐리산프 수도대사제는 정교회의 선교 원칙을 따르면서 선교 사역을 시작했다. 먼저, 이미 러시아에서 세례를 받았으나 그 후 종교 생활을 이어갈 수 없었던 한인 정교인들에게 교리를 가르쳤다. 또, 러시아어를 알던 한인들의 도움을 받아, 정교회를 알지 못하던 한인들에게도 정교회 신앙에 대해 알려주었다.

흐리산프 사제의 주요 관심사는 한국 신자들이 이해할 수 있도록 성찬예배를 한국어로 번역하는 것이었다. 그러나 선교사들은 한국어를 배우는 데 어려움을 겪었다. 의사 소통 문제는 러시아 국적의 한인 통역사들이 해결해주었으나 이들은 교회 용어를 잘 알지 못하는 어려움과 한계가 있었다. 이러한 한계 상황 속에서 번역은 주로 교회 슬라브어에서 러시아어로 된 다음, 러시아어에서 한국어로 이루어졌다. 이와 같은 방식으로, 몇몇 기도문과 신앙의 신조, 십계명이 번역되었다. 성경은 이미 번역이 되어 있던 개신교 번역본을 사용하였다.

흐리산프 사제가 초반부터 신경썼던 또 다른 중요한 관심사는 정교회 성당을 건축하는 일이었다. 그는 1901년부터 1902년까지 선교회 부지에 건물 몇 채를 짓는 데는 성공했으나, 성당 건축은 재정 부족으로 인해 실현할 수 없었다. 이러한 이유로, 이미 지어진 선교회의 학교 건물 중 하나를 임시로 성 니콜라스 성당으로 만들었고, 이 성당은 1903년 4월 17일에 축성되었다.

1904년 한반도에서 발발한 러일전쟁은 서울의 정교회에도 영향을 미쳤다. 러시아인들은 강제로 한국을 떠나야 했고 곧이어 정교회 선교회도 문을 닫아야 했다. 선교사들은 몇 가지 교회 성물과 개인 소지품만 챙긴 채 뿔뿔이 흩어졌고, 선교회의 나머지 재산은 근처 프랑스 외교 사절단에 맡겨졌다.

흐리산프 사제는 선교회에서 사역하는 동안(1900-1904) 남자 10명, 여자 4명 등 총 14명의 한국인에게 세례를 주었다. 성찬예배를 번역하고 성당을 세우려는 노력 외에도 학생들을 위한 교육 프로그램을 마련하고 선교 활동을 지방으로 확장하기 위해 많은 노력을 기울였다. 그러나 선교회의 재정 부족과 인력 부족으로 실질적인 결실을 거두지는 못했다.

러일전쟁은 1905년 일본의 승리로 끝이 났다. 일본은 1905년 11월에 강제로 체결된 을사조약에 따라 한국을 서서히 자국의 지배 아래 두게 되었다. 이러한 정치적 변화는 러시아가 한반도에서 외교적 영향력을 확대할 수 없게 만들었다.

1904년 선교사들이 한국을 떠나면서 잠시 중단되었던 정교회 선교 활동은 2년 후 다시 시작되었다. 1906년 8월, 파벨 이바놉스키(Павел Ивановский) 수도대사제가 한국 선교 사업의 재개를 위해 서울에 파견되어 오면서부터이다. 그와 함께 수도사제 블라디미르 스크리잘린(Владимир Скрижалин), 수도보제 바르폴로메이 셀레즈뇹(Варфоломей Селезнев), 견습 수도사로서 성가대를 맡은 표도르 페레발롭(Федор Перевалов, 이후 페오도시(Феодосий)[2] 수도대사제), 교사 콘스탄틴 지그프리드(Константин Зигфрид), 교리교육 보조를 맡을 콘스탄틴, 니콜라이 피로즈코프(Константин и Николай Пирожковы) 형제 등 선교사 6명이 같이 한국에 입국했다. 러일전쟁으로 인해 선교회 건물은 많은 피해를 입었고 선교회의 많은 물건과 성물들은 파괴되거나 약탈되어 사용이 불가능한 상태였다. 따라서 파벨 사제가 직면했던 첫 번째 문제는 선교회 재산을 복구하는 일이었다.

2. 정교회 한국 대교구의 다른 문서에서는 '테오도시'라고 표기하기도 한다.

– 파벨 이바놉스키 수도대사제의 선교 활동

1907년 초부터 선교회는 파벨 사제의 탁월한 인격과 재능, 선교적 열정에 힘입어 보다 안정된 구성을 갖춘 채 운영되기 시작했고, 선교회는 큰 발전을 이루었다. 파벨 사제는 예배문 번역과 성가 번역, 번역된 성가에 음을 붙이는 작업에 특별한 관심을 쏟았는데, 이는 선교 사업이 지방으로도 확장되는 데 기여했다.

번역 작업은 전임자 흐리산프 사제의 번역을 수정하고 보충하는 작업에서부터 시작되었다. 러시아에서 유학하여 러시아어를 잘 알던 한국인 이반 강탁의 귀중한 도움과 파벨 사제의 끈기에 힘입어 정교회 예배서들의 기도문 일부와 성가 일부가 번역되었다.

교회 성가대를 조직하는 일은 성가대장 표도르 페레발롭이 맡았다. 그는 교회 음악에 대해 잘 알고 있었고, 선교회에서 맡은 역할도 예배 때 성가를 부르는 일이었다. 그 당시 교회 음악을 아는 사람은 아무도 없었지만, 성가대장의 노력으로 선교회 학교의 학생들로 구성된 성가대가 만들어졌다. 동시에 한국어로 번역된 예배 성가 가사를 악보에 옮기는 작업도 착수하였다. 그가 직접 언급하듯 이 작업은 특히 어려웠는데, 한국어로 번역된 성가 가사는, 한국어에는 아직 없던 신학적 용어와 개념들을 표현하기 위해 설명이 길어지거나 음절이 긴 단어들을 사용했기 때문이었다. 이런 방식으로 번역된 성가 가사는 원곡의 멜로디보다 길이가 길어졌기에, 모든 가사를 다 포함시키기 위해선 동일한 멜로디를 반복해야 했다. 이 작업은 높은 수준의 음악적, 언어적 지식을 필요로 했음이 분명하다. 표도르 페레발롭이 이반 강탁과 성실하고 신중하게 이 작업을 수행했고, 그 결과 성찬예배와 다른 전례들과 교회의 몇몇 성가들을 악보에 옮길 수 있었다. 악보는 음악에 능통했던 한국인 미하일 김동한이 직접 손으로 그렸는데, 필사본은 재정적 어려움으로 인해 더 널리 보급되지는 못했다.

선교회 학교의 운영은 파벨 사제의 또 다른 중요한 기본적 관심사였다. 1906년, 서울의 선교회 부지에 남학교가 설립되었다. 그 후 얼마 지나지 않아 러시아 영사관의 통역사가 기증한 인근 부지에 여학교도 문을 열었다. 선교회 학교에서는 일반 정규과목 외에도 정교회 신앙을 가르쳤고, 외국어를 배우고자 하는 학생들에게는 선택적으로 러시아어와 영어를 가르쳤다. 초기에는 한국어로 수업이 진행되었지만 일제 강점기간에는 일본어로 수업하도록 강요되었다. 교직원은 20명에 이르렀고 학생 수는 남녀 합해서 총 250–

260명에 달했다. 학교 운영은 정교회 선교에 있어 중요한 일이었지만, 교사들이 충분한 지식이 없었고 교육 경험이 부족했기 때문에 만족스러운 결과를 내지 못했다.

파벨 사제는 서울에서 북서쪽으로 40킬로미터쯤 떨어진 지방까지 정교회를 선교하려는 관심이 있었고 그곳을 자주 방문했다. 그 결과 교하, 가루개, 성촌, 일산, 마리심 등의 마을(오늘날의 경기도 파주시와 고양시에 속하는 지역)에 선교 처소가 생겼고, 선교사들은 그곳에 부지를 구입하여 판잣집 기도처와 학교를 세웠다. 파벨 사제는 각 마을에서 모임을 조직하여 주민들에게 그리스도, 테오토코스, 성인들에 대해 알려주었다. 사제가 방문하면 성찬예배나 세례성사가 거행되었고, 그렇지 못하면 파견된 다른 선교사들이 정교회 교리를 가르쳤다. 교하 마을에는 정교회 신자 수가 늘어나자 교구가 설립되고 한국인 사제 이반 강탁이 책임자로 임명되었다. 그를 보조하기 위해 한국인 알렉세이 김의한도 봉독자로 임명되었다. 모든 선교 처소를 통틀어 총 7개의 학교가 임시 건물 형태로 세워졌다.

파벨 사제의 또 다른 중요한 목표는 서울에 정교회 성당을 세우는 것이었지만, 전임자 흐리산프 사제처럼 재정 부족으로 인해 실현시키지 못했다. 대신 선교회의 학교 건물 한 곳에 마련되어 있던 임시 성당을 계속 사용하는 것으로 만족해야 했다.

한편 한국 선교회의 소속은, 1908년 러시아 정교회의 시노드의 결정에 따라 상트페테르부르크 관구에서 블라디보스톡 관구로 변경되었다.

1912년, 파벨 사제는 러시아 정교회 시노드의 결정에 따라 상트페테르부르크로 돌아갔고, 얼마 후 블라디보스톡 관구의 보조 주교로 서품되며 '니콜스키-우수리스크의 주교'라는 칭호를 받았다. 그는 1906년부터 1912년까지 선교회 책임자로 있는 동안 총 322명의 한국인(남 192명, 여 130명)에게 세례를 주었고, 1919년 안식할 때까지 한국 선교 활동을 감독하면서 선교 사업이 크게 발전되는 데 기여했다. 그러나 한국은 1905년부터 일제의 지배 하에 있다가 1910년부터 1945년까지 일제 강점기를 겪었기에, 국내 정치 상황은 선교회 활동에 여러 어려움을 주었다.

파벨 사제가 한국에서 떠난 후(1912), 선교회 책임은 이리나르흐 쉐마놉스키(Иринарх Шемановский) 수도대사제가 맡게 되었다. 그러나 그의 사역은 러시아 국적의 한국인 루가 김희준이 보제로 서품된 일 외에는 별다른 성과 없이 2년 만에 끝을 맺었다.

1914년부터는, 서울에 남아있던 유일한 러시아 성직자인 블라디미르 스크리잘린 수도사제가 선교회장직을 맡아, 선교회를 감독하던 니콜스키-우스리스크의 파벨 주교의 결정과 명령에 따라 활동했다. 블라디미르 사제는 자신을 도울 선교사를 파견해주도록 요청했고, 이에 따라 교회 성가에 능통했던 파벨 아파나시예프(Павел Афанасьев)가 1915년에 블라디보스톡에서 한국으로 입국했다. 그러나 블라디미르 사제는 자신에게 적용된 선교회장으로서의 권한의 한계 때문에 불만을 느꼈고, 이는 선교회의 발전이 저해되는 결과를 가져왔다. 그는 1917년에 선교회장직에서 사임하고 서울을 떠나 러시아 육군과 해군에서 군 사제로 사역했다. 이 시기에, 미하일 김동한은 한국어로 번역된 예배문들을 필사하는 작업을 계속 진행했다. 어떤 부분은 악보와 함께 기록되었고 어떤 부분은 악보 없이 텍스트만 기록되었다. 그렇게 해서 몇 가지 예배서 필사본이 완성되었다.

1917년, 블라디보스톡 동방대학을 졸업하고 니콜스키-우수리스크의 파벨 주교의 총애를 받던 팔라지 셀레츠키(Палладий Селецкий) 수도사제가 한국 선교회를 맡게 되었다. 그러나 팔라지 사제는 짧은 기간 동안 사역하면서 자신을 후원하던 파벨 주교의 기대를 저버리고 말았는데, 선교회 학교들은 문을 닫았고, 한국인 교사들은 해고되었으며, 교회의 신자들은 파벨 주교를 향해 등을 돌리게 되었다. 선교회장의 무능력 외에도, 1917년 러시아 혁명으로 인해 선교회가 직면했던 재정적 어려움은 큰 부담으로 작용했다. 팔라지 사제는 주교 회의의 결정에 따라 1917년에 한국을 떠나 블라디보스톡으로 돌아갔다.

1c. 《러시아 정교회 한국 선교회》와 그 활동(1917-1930)

1906년부터 1910년까지 선교회에서 이미 성가대장이자 성가 교사로 활동했었던 표도르 페레발롭은 그 후 수도사제 페오도시가 되었고 1917년에 선교회장으로 임명되었다. 그는 1930년까지 선교회장으로 있었는데, 1918년 이후 러시아 교회로부터 물질적, 영적 지원이 영구적으로 중단되는 등 러시아 혁명의 영향이 이미 만연하고 그 결과가 분명히 나타났기 때문에, 극도로 어려운 시기에 선교회를 맡고 있었다. 특히, 선교회 감독 책임을 맡고 있던 블라디보스톡 대주교와 니콜스키-우수리스크의 파벨 주교와의 모든 연락이 두절되어 그들로부터 어떤 도움도 받을 수 없는 상황이었다.

선교회는 봉급 받는 교사, 교리교사 및 선교회 직원을 유지하는 것이 힘들었는데, 이들은 종종 생계를 꾸려 나가기 힘든 상황에 처하기까지 했다. 이러한 위급한 상황에서 선교회는 한국성공회와 일본에 거주하던 몇몇 러시아 무역 상인들로부터 경제적 지원을 받았지만, 결국 적은 수입이라도 확보하기 위해 선교회 건물과 부지의 일부를 다른 사람들에게 임대할 수밖에 없었다. 또 많은 선교사들이 생존의 길을 모색하기 위해 만주나 블라디보스톡 등으로 떠나야했다. 그리하여 선교회에는 페오도시 사제, 루가 김희준 보제, 알렉세이 김의한만 남게 되었다. 선교회 학교가 문을 닫고 교리교사들이 해고되었을 때(1917), 선교 활동은 기존 정교회 신자들에 대한 사목으로만 축소되었다.

페오도시 사제는 러시아 정교회 시노드의 일원이었던 블라디보스톡의 에브세비오스 대주교에게 편지를 보내 이 어려운 상황에 대하여 설명했다. 그 결과, 시노드의 만장일치 결정(1921년 11월 4일, 1571번)에 따라 한국 선교회는 자신의 독립적인 지위를 유지한 채 이웃한 러시아 정교회 대주교인 도쿄의 세르기 티호미로프(Сергий Тихомиров) 대주교의 관할권에 소속되어 보살핌을 받기로 결정되었다.

일제 강점기(1910-1945) 동안 선교회는 부동산 재산(토지 및 건물)을 국가에 등록해야 한다는 압력을 받아왔다. 그러나 역대 선교회장들은 러시아 기관의 재산에 대해서는 소유권 분쟁이 없으리라 생각하여 상대적으로 무관심했고, 그래서 선교회 재산은 1924년까지 그 어떤 공식적 등기도 되어 있지 않았다.

그러나 러시아 혁명이 발발한 이후, 소련 정부와 러시아 이민자들이 선교회 재산의 소유권을 주장하기 시작했고, 일본 식민지 정부도 선교회 재산을 몰수하려고 시도했다. 이 모든 것은 정교회 선교회가 즉각적으로 재산을 등록하도록 했지만, 한 가지 중요한 문제는 누구의 이름으로 등록하느냐는 것이었다. 러시아 정교회의 이름으로 등록하면, 《러시아 정교회 한국 선교회》라는 단체는 소련에 의해 재산을 다 잃게 될 것이었다. 개인의 이름으로 등록하면 세금을 많이 내야할 것인데, 그 세금은 선교회가 감당하기 어려운 수준의 높은 액수였다. 이러한 상황에서 유일한 해결책은, 일본 당국이 법적으로 인정한 《일본 정교회 재산 협회》의 이름으로 등록하는 것이었다. 그렇게 하여 1924년에 등기 절차가 완료되었다.

1925년, 선교회는 활동 25주년을 맞았고 이 기념일은 성찬예배를 통해 경축되었다. 페오도시 사제는 숱한 어려움에도 불구하고 한국인 75명을 정교회로 인도하는 데 성공했다. 그러나 사역 기간(1917-1930) 동안 지방의 선교 처소들은 두 곳만 남기고 모두 문을 닫았고, 성직자와 교리교사는 시간이 지남에 따라 그 수가 크게 감소하였다.

1d. 1930-1949년 한국 선교의 쇠퇴

페오도시 수도사제가 1930년에 서울을 떠난 후, 한국에는 러시아인이든 한국인이든 남아 있는 성직자가 없었다. 명목상으로 도쿄 세르기 대주교가 선교회의 책임을 맡았지만, 실제적으로는 러시아 이민자들로 구성된 성당 운영 위원회가 선교회를 맡고 있었다. 1931년, 세르기 대주교는 만주에서 온 러시아 수도대사제 알렉산드르 치스티야코프(Александр Чистяков)에게 서울 선교회 사목 임무를 맡겼지만, 러시아 혁명의 영향으로 상황이 어려웠기에, 알렉산드르 사제는 정교회 선교를 더 확장시키지 못한 채, 주로 예배를 거행하고 선교회의 재정을 관리하는 일에 자신의 사역을 한정시켜야 했다. 1932년, 세르기 대주교는 도쿄에서 성가대장 알렉세이 김의한에게 보제 서품을 주었다. 1936년에 알렉산드르 사제가 한국을 떠날 때까지 총 87명의 한국인이 세례를 받고 정교인이 되었다.

1933년, 《해외 러시아 정교회(ROCOR)》는 하얼빈에 머물던 캄차카의 네스토르 아니시모프(Нестор Анисимов) 주교를 통해 서울 선교회의 감독권을 인수하려는 시도를 했다. 네스토르 주교는 세르기 대주교로부터 주교 서품을 받은 바 있었고, 그래서 그와 우호적인 관계를 유지하고 있었음에도 불구하고 이러한 일에 얽히게 되었다. 그러나 네스토르 주교는 끝내 한국 입국이 거부되었고 선교회는 계속 세르기 대주교의 감독 하에 운영되었다.

하얼빈에 본부를 둔 《해외 러시아 정교회》는 1925년부터 이미 한반도의 북쪽 지역[3]에 선교사를 파송하면서 선교 사업을 시작해왔다. 그 중에는 정교회 서울 선교회에서 1915년부터 1918년까지 성가대장으로 봉직했다가, 후에 복음을 전파하기 위해 자의로 북쪽 지역으로 간 파벨 아파나시예프도 있었다.

파벨 아파나시예프는 하얼빈 대주교의 승인을 받아 1931년에 평양에 선교지부를 설립했으며, 2년 만에 한국인 약 450명에게 정교회 교리를 가르치고 정교인이 되게 했다. 파벨은 이후 수도사가 되었고 1933년에 사제로 서품되었다. 평양에 개인 소유 성당을 지었지만, 신자들 수는 많지 않았다. 1939년 이후 그의 활동에 관한 정보는 발견되지 않는다.

《해외 러시아 정교회》의 또 다른 활동은 한국 동북부 해안에서 있었는데, 청진항 근처에 있는 러시아 이민자 휴양지에 예배당을 세운 것이다. 이 예배당은 한 러시아 가족의 기부로 지어졌는데, 만주를 떠나 한국으로 망명 온 러시아인들의 필요를 충족시키기 위한 목적이었다. 예배당은 1937년에 축성되었고 1940년대까지 《해외 러시아 정교회》의 관할 아래 있었다.

알렉산드르 사제의 뒤를 이어 폴리카르프 프리이막(Поликарп Приймак) 수도사제가 1936년 도쿄 대주교로부터 한국 선교회 책임자로 임명되었다. 폴리카르프 사제는 한국어를 몰랐기에 교회 슬라브어로 예배를 집전하고 러시아어로 설교했으며, 한국인 보제 알렉세이 김의한이 예배 중 연도(連禱, litany)들을 한국어로 했다. 이러한 약점에 더해, 재정적 어려움으로 인한 학교 및 교리교사의 부재로 폴리카르프 사제의 선교 사업은 서울에서 예배를 집전하는 것으로만 한정되었다.

1930년대 후반, 한국의 정교회는 혹독한 시련기에 접어들었다. 일본은 이미 1936년부터 한국인들을 일본인들에 동화시키려는 목적으로 한국인들의 민족의식을 말살하는 정책을 추진하였다. 모든 형태의 종교 활동이나 예배 참여는 물론이고 공공 장소에서 한국어를 사용하는 것도 금지되었다. 또 창씨개명과 신사참배가 강요되었다. 이러한 이유로, 선교회의 모든 활동은 러시아인들의 사목적 필요를 충족시키는 것으로만 한정되었고, 1941년 10월 세르기 도쿄 대주교는 전쟁과 정치적 상황의 압박 속에서 한국 선교회와 모든 연락을 중단할 수밖에 없게 되었다. 그리하여 한국의 사목적 책임과 선교회 재산 보호는 수도대사제로 승격된 폴리카르프 사세에게 맡겨졌다.

제2차 세계 대전이 발발한 후, 한국을 점령한 일본 당국은 보안 조치를 명목 삼아 정교회 선교 활동을

3. 현재의 북한 지역

공식적으로 러시아 이민자들에게만 엄격히 제한했다. 일본 당국은 러시아인들과 한국인들 사이의 모든 의사 소통을 차단하기 위해, 선교사들의 지방 여행을 금지하고 한국어 말살 정책의 일환으로 예배 중에는 슬라브어를 사용하도록 강요했다.

1945년 8월 15일, 한국은 제2차 세계대전에서 일본이 패전한 후 일본의 점령에서 해방되었으나, 38도선을 경계로 미국과 소련이 한반도를 남과 북으로 나누어 점령함에 따라 정치적 긴장이 지속되었다. 한반도 북쪽을 점령한 러시아인들에 대한 반감이 지배하는 분위기 속에서, 러시아인 폴리카르프 사제와 한국인 알렉세이 김의한 보제 사이에는 문제가 많았고, 한국 신자들이 러시아 사제를 대하는 태도는 조심스러웠다. 폴리카르프 사제가 한국어를 배우려는 시도를 한 번도 하지 않아 한국인 신자들이 그와 의사소통을 할 수 없었기에 그에 대한 반감은 더욱 커졌다. 그는 러시아어만 구사했고, 사목적 관심은 주로 러시아인들에게만 향해 있었다. 사목 활동을 러시아인들에게만 한정 짓는 것은 일본 점령 당국에 의해 강요받았던 것이기도 했다.

1945년, 일본이 떠난 직후, 폴리카르프 사제는 신자들의 반대에도 불구하고 정교회 성당에 소련기를 게양했다. 이 행동은 신자들(러시아인, 한국인)의 큰 반발을 불러일으켰고, 서울 당국과도 마찰을 일으켰다. 그 후 1947년 6월, 서울에 거주하는 러시아인, 한국인 정교인들은 도쿄 베냐민(Вениамин Басалыга) 대주교에게 서한을 보내 폴리카르프 사제를 영적, 도덕적 문제로 비난하며, 사제를 교체해줄 것을 요청했다. 같은 해 알렉세이 김의한 보제는 도쿄에서 사제로 서품되었고, 1948년 10월에 서울 성 니콜라스 성당의 주임사제이자 정교회 공동체의 책임자로 임명되었다.

폴리카르프 사제에 대한 공동체의 불만은 1948년 12월 12일 서울 정교회 성당에서 성찬예배 이후 격렬한 논쟁으로 번졌다. 반대측 신자들은 폴리카르프 사제에게, 베냐민 대주교의 지시에 따라 알렉세이 김의한 사제에게 모든 책임을 넘길 것을 요청했다. 폴리카르프 사제는 이를 강력하게 거절했고, 그 결과 선교회 내에서 싸움이 벌어져 경찰이 개입하게 되었다. 그로부터 며칠 후 경찰은, 폴리카르프 사제에게 베냐민 대주교의 지시를 따를 것을 요청했다. 폴리카르프 사제는 이 역시 거절했고, 그리하여 선교회에 대한 모든 접근이 금지된다는 문서를 받았다. 그는 투옥되었다가 러시아 신자의 도움을 얻어 10일 만에 풀려났다.

이후 폴리카르프 사제는 선교회로 돌아가려 시도했지만 뜻대로 되지 않았고 다시 투옥되었는데 이번에는 소련 간첩 혐의로 고발된 것이었다. 그 후 한국 당국으로부터 추방되어 모친과 함께 38선을 넘어 북한으로 이동했고, 북한에서 다시 하얼빈으로 떠나야 했다.

2. 한국전쟁(1950-1954) 기간 중의 한국 정교회

2a. 한국전쟁 당시 한국 정교회의 상황

러시아 혁명과 일제 강점기의 영향으로 러시아 선교사들과 한국 협력자들이 어려움과 고난을 겪은 뒤, 1949년에 폴리카르프 수도사제가 추방되면서 한국 정교회 선교의 첫 번째 기간이 막을 내렸다. 이 기간은 약 반 세기 동안 지속되었는데, 모스크바 총대주교청이 주도하고 《러시아 정교회 한국 선교회》가 가까이서 직접 보살피고 활동함으로써 이루어졌다. 또 블라디보스톡 주교와 도쿄 대주교도 영적 책임자로서 선교 활동을 도왔다. 첫 번째 기간이 막을 내렸을 때, 한반도에는 알렉세이 김의한 사제만 남게 되었다.

1950년대 초, 한반도의 정치적, 사회적 상황은 긴장과 불안으로 가득했고, 그 결과 1950년 6월 25일 한국전쟁이 발발했다. 이는 제2차 세계대전 이후 남한과 북한을 각각 자신의 세력권으로 삼은 소련과 미국 간의 극심한 긴장과 이념 갈등의 결과였다.

이 전쟁은 1,370,000명 이상의 목숨을 앗아갔고, 남북한 모두에 막대한 재산 피해를 입혔다. 당연히 서울의 정교회 공동체도 이러한 부정적인 영향을 피해갈 수 없었다. 그 당시 한국에서 유일했던 정교회 사제 알렉세이 김의한 사제가 북한 군인들에 의해 납치되면서(1950년 7월 9일), 한국의 정교회 신자들은 성직자 없이 남게 되었다. 김 사제에게 무슨 일이 있었는지, 그의 운명은 어떻게 되었는지에 관해서는 오늘날까지도 확인된 바가 없다.

성당과 선교회 건물에 끼친 피해도 비극적이었는데, 성당은 폭격과 화재로 큰 피해를 입었다. 또 전쟁 초기에 북에서 침입한 공산주의자들이 서울을 점령했기에, 서울에 거주하던 대부분의 정교인들은 생존을 위해 뿔뿔이 흩어져 부산이나 남부 지방 등지로 피란을 가야했다. 이 위태로운 시기에, 피란민 이동으로 인한 극심한 혼란까지 더해진 상황에서, 일부 정교회 신자들은 자신들의 신앙을 저버리고 다른 그리스도교 교파로 옮겨 가기도 했다. 이는 다른 교파 구성원들에게서도 목격되는 현상이었다. 또, 공산주의 이념을 따르던 '적계 러시아인들(Red Russians)'이 미 점령 당국의 압박으로 1946년까지 서울을 떠나고, 소련에 대해 반감을 가졌던 '백계 러시아인들(White Russians)'이 1950년까지 서울을 떠나면서, 정교회 구성원의 수에도 변화가 생겼다. 그리하여 전쟁 중과 직후에 서울에 남게 된 러시아인은 소수에 불과했다.

이러한 모든 요인들은 한국의 정교회 공동체를 아주 절망적인 상황에 처하게 했고, 역사상 대단히 중요한 전환점에 이르게 했다. 그때, 도움은 예상치 못한 곳에서 왔다. 유엔군의 일원으로 참전한 그리스 원정군(Εκστρατευτικό Σώμα Ελλάδας στην Κορέα, Greek Expeditionary Force)을 동행하여 한국에 온 그리스 종군 사제들이었다.

2b. 그리스 사제들의 공헌

그리스 원정군의 사제들이 한국에 온 것은 주로 그리스 군인들을 영적, 도덕적으로 지원하기 위함이었지, 정교회 선교 활동이 주 목적이 아니었다. 그럼에도 불구하고, 서울에 한인 정교 신자들이 있다는 사실을 알고부터는 그들에게 필요한 물질적, 영적 지원을 아끼지 않았다.

한국의 정교회 공동체 재건을 위해 노력하고 힘을 썼던 첫 번째 사제는 하리톤 시메오니디스(Χαρίτων Συμεωνίδης, 이후 폴리아니와 킬키스의 대주교)였다. 그는 한국에서 복무하는 동안(1952년 3월 - 1953년 5월) 한국에 정교회 공동체가 있음을 알게 되었다.

하리톤 사제는 상관의 허락을 받아, 그리스 군인들 사목 외에도, 서울에 남아 있던 정교회 교인들을 모으고 활동을 할 수 있었는데, 수많은 노력 끝에 서울에 있던 50 가족 중 몇몇 가족을 찾아냈다. 이렇게 하여 한국 정교인의 초기 핵심 무리가 형성되었고, 하리톤 사제는 이들과 함께 성찬예배를 드렸다. 선교회 성당이 전쟁으로 파괴되었기 때문에 성찬예배는 그리스 원정군의 군대 안에 있는 천막에서 거행되었다.

이외에도 하리톤 사제는 1952년 8월 한국의 최전선에서 당시 아테네와 그리스의 대주교인 스피리돈 블라호스(Σπυρίδων Βλάχος) 대주교에게 서한을 보내, 한국과 일본의 정교회 상황에 대해 알리며 양국의 정교회 발전을 위해 필요한 지원을 요청했다. 이 서한은 하리톤 사제의 선교 정신을 표현함과 동시에 당시 한국의 정교회 상황에 대한 정확한 정보를 제공하는 중요한 역사적 자료라고 할 수 있다. 이러한 선교 정신은 모든 그리스 종군 사제들에게 발견되었는데, 이들은 모국의 정치적, 국가적 이익을 위해서가 아니라, 사람들을 돕기 위한 진정한 선교적 정신으로 임하고 있었다.

보고서의 요지는 다음과 같다. 《서울에 정교회 공동체가 있지만 상황이 절망적이다. 유일한 사제였던 알렉세이 김의한 사제가 실종된 후 교인들은 사목자 없이 남아 전쟁 중에 뿔뿔이 흩어지거나 다른 교파로 옮겨 가기도 했기 때문이다. 정교회 공동체뿐만 아니라 한국전쟁에 참전한 다른 나라의 평화유지군 정교회 병사들을 위해서도 정교회 사제가 즉시 파견되어야 한다. 또 그리스가 한국의 젊은이들에게 장학금을 지급하여 그들이 적절한 교육을 받고 조국으로 돌아와 교회 발전을 위해 일하도록 지원해야 한다. 한국에서 사목하는 외국 선교사들은 어디까지나 임시적이라 언젠가는 한국을 떠날 것이기 때문이다.》 하리톤 사제의 이러한 요청은 세계 총대주교청(Ecumenical Patriarchate)과 그리스 정교회 북남미 관구(Greek Orthodox Archdiocese of North and South America)에 전달되었다.

하리톤 사제의 제안에서는, 정교회 선교를 위해서는 해당 지역 출신의 성직자와 교회 일꾼들을 교육시키고 양성하는 것이 절대적으로 필요하다는, 정교회 선교의 기본 원칙이 분명하게 드러나고 있다.

이렇게, 선교사로서의 강한 사명감을 가졌던 하리톤 시메오니디스 수도대사제가 한국 정교회 공동체의 회복을 위해 초석을 다지고 관심을 불러일으켰다면, 그의 후임자인 안드레아스 할키오풀로스(Ανδρέας Χαλκιόπουλος) 수도대사제는 체계적인 사목 활동과 공동체 발전을 일구어냈다.

안드레아스 사제가 적극적으로 활동할 수 있었던 것은 그리스 원정군에서 복무한 기간(1953년 4월 - 1954년 7월)의 대부분이 휴전(1953년 7월 27일) 이후였기 때문이다. 그리하여 그는 정교인 신자들과 자유롭게 만나 그들의 신앙 생활을 강화시키고 동시에 전쟁 고아와 피해자들을 돌볼 수 있었다. 그는 그리스 원정군의 군종 사제였지만, 매달 첫째 주 일요일마다 서울로 와서 한국 교인들과 외국 군인들을 위해 성찬예배를 집전하고 설교를 하는 것이 가능했다. 시간이 지나면서, 피란민들이 점차 서울로 돌아왔고, 이에 따라 서울을 중심으로 있던 정교회 공동체도 성장해갔다. 특히 안드레아스 사제의 보살핌으로 옛 교인들의 자녀들이 교리교육과 세례를 받음으로써 신자 수도 증가해갔다.

전쟁 때 폭탄 피해를 입은, 그 당시 서울 정동에 위치해 있던 성 니콜라스 성당을 수리한 것은 안드레아스 사제의 중요한 업적이었다. 안드레아스 사제의 노력과 지휘 아래 그리스 군인들이 성당 수리를 맡았는데, 이들은 필요한 자재를 구입하기 위해 총 5,000달러를 모아 기부했고, 자신들의 수고와 노동력까지 더했다. 여기에 한인 정교인들의 도움도 더해져 성당은 가장 최선의 방법으로 고쳐졌고, 1953년 11월 29일 한국 정치 당국과 군 관계자들이 참석한 가운데 축성식이 거행되었다.

또한 한국인 보리스 문이춘(1911-1977)의 사제 서품으로 지역 성직자가 배출된 것은 정교회 공동체의 기반을 다지는 데 중요한 요소가 되었다. 보리스 사제는 교인들이 직접 추천할 만큼 사목자가 되기에 적합한 품성을 갖추고 있었다.

안드레아스 사제의 기록에 따르면, 보리스 사제는 부모 밑에서 그리스도인으로 신실하고 경건하게 자랐지만 어린 나이에 고아가 되었다. 그러다가 알렉세이 김의한 사제의 보살핌으로 중학교를 마치고 교회 일을 시작하면서 교회 생활에 관해 많은 것을 배우게 되었다. 보리스 사제의 서품은 극적으로 이루어졌다. 서품을 도쿄의 이리네이 베키쉬(Ириней Бекиш) 대주교로부터 받아야 했는데, 당시 한일 양국의 적대적인 관계로 인해 한국인들의 일본 입국이 금지되어 있었던 것이다. 결국 미군의 협조를 얻어 아프리카계 미군으로 분장한 보리스 문이춘은 미군 수송기를 타고 도쿄에 도착했다. 그곳에서 1954년 1월, 보제 서품과 사제 서품을 받았다.

보리스 사제는 안드레아스 사제의 영적 지도와 실무 지도 아래, 정기적인 성찬예배 거행, 설교, 교리교육, 세례성사, 가정 방문, 성가대 조직 등을 하며 전례, 설교, 사목 활동을 시작했다. 보리스 사제는 활동적인 성직자였지만, 정교회 신앙을 더 잘 가르치기 위해 신학 교육을 받는 것이 절실한 상황이었다. 그러나 그럴 만한 상황이 되지 않았다. 그는 부족한 점들을 인내, 겸손, 경건함, 하느님에 대한 신뢰로 보완하며, 극도로 어려운 상황에 대처할 수 있도록 모든 노력을 기울였다. 서울 성 니콜라스 성당을 중심으로 진행되었던 선교 활동은 이런 방법을 통해 약 20년간 지속되었고, 성찬예배가 거행되고 끝날 때마다, 성당 안의 예배로서 끝나는 것이 아니라, 신자들 사목과 복음 전파를 통해 '예배 후의 예배(liturgy after the Liturgy)'가 시작되곤 하였다.

그리스 원정군의 마지막 사제는 다니엘 이비리티스(Δανιήλ Ιβηρίτης, 1954년 6월-1955년 12월) 수도대사제로 안드레아스 사제의 사역을 이어갔다. 한국에서 복무한 그리스 종군 사제들의 관심은 여기서 그치지 않았다. 한국 청년들이 그리스에서 공부하고 돌아와 한국 교회를 위해 일할 수 있도록 장학금을 후원하는 여러 단체들과 협력하는 것에까지 이어졌다.

3. 전후 시대 한국의 정교회 (1954-1977)

3a. 불안정한 정교회 공동체 상황

1954년부터 1977년까지 서울의 정교회 공동체에는 많은 어려움과 문제가 있었다. 보리스 문이춘 사제 외에는 다른 정교회 성직자가 없었고, 동시에 여러 재정적, 법률적 문제들이 정교회 공동체에 큰 부담을 안겨주고 있었다. 이러한 환경에서 보리스 사제는 그리스 원정군이 남겨두고 간 자금과 자재로 선교회 건물들을 보수하고, 부속 건물에서 운영되었던 여자 중학교를 재운영하기 시작했다. 학교 운영으로 선교회는 약간의 수입을 얻었다. 보리스 사제는 학생들에게 종교 수업을 가르치며 학생들과 부모들에게 정교회 신앙과 메시지를 전달할 기회를 가질 수 있었다.

선교회가 마주하고 있던 또 다른 문제는 지역 주교의 부재로, 이는 한국의 정교회 공동체의 삶과 발전에 큰 문제가 되었다. 한반도를 둘러쌌던 복잡한 국제 정세로 인해, 한국 교인들은 근접한 지역에 있는 어떤 주교와도 연결되지 않은 상황이었다. 러시아 주교들은 소련 영토에 있었고, 도쿄 대주교는 한국과는 적대 관계에 놓인 일본에 있었다. 그 결과 서울 정교회 공동체는 어떤 정교회 관할권에도 속하지 않은 채 있었다. 한국에 처음으로 정교회를 선교했던 모스크바 총대주교청과의 관계도 좋지 않았는데, 국가 분단을 초래한 한국전쟁 탓에 한국인들은 러시아에 어떤 식으로든 의존하기를 원치 않았기 때문이었다. 그리하여 서울 성 니콜라스 성당 신자들은 1955년 12월 25일에 신자총회를 열었고, 콘스탄티노플 세계 총대주교청에 소속되도록 요청할 것을 192명(남 84명, 여 108명) 만장일치로 결정하게 되었다.

3b. 세계 총대주교청(그리스 정교회 북남미 관구) 감독하에 있던 한국 정교회 공동체

당시 보리스 사제를 대표로 하던 서울 공동체는 그리스 종군 사제들이 한국에 있을 때부터 북남미 관구에 대해 알게 되었다. 그리스계 미군 정교인들이 그리스 군인들과 함께 성 니콜라스 성당의 보수 작업에 기여했고, 보리스 사제가 일본으로 가서 서품을 받도록 도왔던 덕택이었다. 뿐만 아니라 그리스 원정군의 사제들도 미하일 콘스탄티니디스(Michael Konstantinides) 북남미의 대주교와 함께 한국 정교회의 다양한 현안에 대해 의논해왔고, 그리스 종군 사제들이 떠난 후에는 보리스 사제가 직접 대주교와 서신을 주고받으며 영적, 행정적 도움을 요청해오던 상황이었다.

한국 정교회 교인들의 만장일치 결정 이후, 공식적인 청원서가 교인들의 서명과 함께 1956년 5월 북남미 대주교에게 제출되었고, 이 요청은 같은 해 6월 승인되었다.

1956년, 세계 총대주교청의 결정으로, 일본과 필리핀 등 극동의 다른 정교회 공동체가 이미 소속되어 있던 호주와 뉴질랜드 대교구(Metropolis of Australia and New Zealand)가 서울 정교회 공동체의 사목을 맡게 되었다. 1958년 1월, 서울 공동체는 재정적 어려움과 교회 재산 소유권 문제에 대응하기 위해 일시적으로 북남미 관구의 관할 하에 들어가게 되었다. 앞서 언급되었듯 선교회는 일본에 있는 단체 《일본 정교회 재산 협회》에 재산을 등록해 놓았었는데, 이것이 해방 후 한국 정부에 의해 적산(敵産)으로 간주되어 교회 재산이 정부에 몰수된 것이었다.

1957년, 당시 티아티라(Thyateira)의 아테나고라스(Athenagoras Kavadas) 대주교는 한국을 방문한 뒤 세계 총대주교청에 보낸 보고서에서 교회 재산 반환과 함께 공동체의 재정 문제가 즉시 해결해야 된다고 강조했다.

세계 총대주교청은 호주와 뉴질랜드 대주교가 한국 교회의 재산 반환 문제를 효과적으로 해결하기 어렵다고 판단하여, 1962년에 북남미의 야고보스(Iakovos Koukouzis) 대주교를 한국의 엑사르호스(Exarch)로 임명하였다. 야고보스 대주교는 1970년까지 한국의 엑사르호스직을 수행하였고, 한국 정교회 공동체는 1970년에 새로 설립된 뉴질랜드 대교구로 소속이 이전되었다.

한편, 선교회 부속 건물에 운영해오던 여학교는 1960년 1월에 발생한 화재로 큰 피해를 입고 운영이 중단되었다. 보리스 사제와 서울 공동체는 학교의 복구와 재운영을 위해 수년간 노력했지만, 재정상의 어려움으로 실현시킬 수 없었다. 이로써 정교회 공동체에 중요한 수입원을 잃은 것뿐 아니라, 정교 신앙을 더 널리 전파할 수 있었던 터전을 잃게 되었다.

선교회 재산 반환 문제는 여전히 해결되지 않은 채로 남아 있었다. 일본에 기반을 둔《일본 정교회 재산협회》는 더 이상 선교회 재산에 대해 형식적으로든 실질적으로든 소유권이 없었음에도 불구하고, 제2차 세계대전이 끝난 후 이 재산은 적산으로 취급되어 한국 당국으로 몰수되었기 때문이었다(1948).

서울 정교회 공동체가 한국 정부와 재산 반환에 대해 협상한 것은 이미 알렉세이 김의한 사제가 활동하던 때로, 1950년 이전부터 시작된 것인데, 7년 동안 아무런 성과를 거두지 못했다. 그래서 한국 정교인들은 북남미 관구의 미하일 대주교에게 도움을 요청했고, 미하일 대주교는 1957년에 이승만 대통령에게 친서를 보내 개인적 중재를 요청했다. 같은 해, 티아티라의 아테나고라스 주교는 한국의 엑사르호스로서 한국의 대통령과 정부 인사들을 만나 문제 경위에 대해 설명하고 재산 반환을 청원했다. 정교회와 정부와의 소송이 시작되었는데, 재판에서 (1962년 4월 3일) 문제가 해결되지 않고 재산이 국가에 귀속되었다. 재산을 다시 찾아올 수 있는 유일한 해결책은 100,000달러를 지불하는 것이었는데, 이는 서울 정교회 공동체가 감당할 수 없는 금액이었다. 교인들은 정부와 다시 법적 분쟁을 시작하면서, 외무부 장관, 재무부 장관 등을 상대로 계속 항소하였고, 지난한 노력 끝에 대법원에서 판결에서 서울 공동체가 승소함으로써 기나긴 법적 투쟁이 마무리되었다(1964년 9월 22일).

오랜 법적 분쟁 기간 동안 서울의 정교회 공동체는 정신적, 경제적으로 큰 시련을 겪었지만, 미국의 그리스 정교회와 그리스의 많은 단체로부터 재정적 지원을 받았는데, 이 단체들은 주로 그리스 원정군이 와 있던 시절부터 한국과 관계를 맺은 곳이었다. 구체적으로 1962-63년에 그리스 정교회(Church of Greece), 그리스 정부, 《주 아테네 그리스-한국 협회》, 《한국전쟁 참전 그리스 용사회》, 《한국전쟁 희생자 및 부상자 협회》, 한국전쟁에 참전한 그리스 희생자의 가족들, 《그리스 적십자사》, 그리스의 여러 그리스도교 단체 및 아테네 학회 회원들이 큰 도움을 주었다. 특히 주목할 만한 지원이, 범 정교회 선교 단체 《포레브텐데스》(Πορευθέντες)[4], 그와 같은 이름을 가진 선교 잡지, 그리고 무엇보다도 이 단체의 창립자이자 당시 정교회 선교 활동의 부흥에 보다 광범위하게 기여한 아나스타시오스 야눌라토스(Αναστάσιος Γιαννουλάτος, 故 알바니아의 대주교) 수도대사제로부터 왔다. 《포레브텐데스》의 회원들은 다른 나라의 정교인들, 특히 미국의 정교인들에게 이 문제 상황을 알렸고, 한국 정부 측에도 문제 해결을 촉구함으로써, 서울 공동체가 법적 싸움에서 최종적 승리를 거두는 데 기여했다. 서울의 정교회 신자들은 이 공헌에 감사의 마음을 전했다. 비록 승소 결정이 났지만, 필요한 법적 절차들을 해결하고 재판에 소요된 크고 작은 비용들을 지불해야 했기 때문에, 서울 공동체는 그 후로도 힘든 시간을 보냈다. 북남미 관구의 야고보스 대주교는 한국의 엑사르호스 자격으로 사목차 한국을 방문하여 (1966년 11월 15일-18일) 한국 신자들에게 영적, 물질적 지원을 제공하며, 정동에 있는 《정교회 한국 선교회》 재산을 매각하여 빚을 청산하고 서울의 다른 지역으로 이전하여 성당을 지을 것을 조언하였다.

전통적인 비잔틴 양식의 새 성당 건축(마포구 아현동)은 1967년 가을에 시작되어 이듬해 완성되었다. 성당의 문을 여는 예식은 1968년에 이루어졌고, 축성식은 1978년에 거행되었다. 보리스 사제는 기나긴 재판과 소송 과정, 행정적 절차들과 성당 건축에 대한 책임으로 인해 건강이 크게 나빠져 성당 책임자직에서 사임하기를 원했다. 1969년, 북남미 관구는 보리스 사제를 돕기 위해 그리스계 미국인 유진 파파스(Eugene Pappas) 수도대사제를 서울로 파견했다. 유진 사제는 보리스 사제를 도와 서울 신자들의 사목을 돌보았고, 한국인 청년 나창규가 미국 보스턴에서 신학을 공부할 수 있도록 도움을 주었다.

4. "Πορευθέντες"는 고대 그리스어로, '가다', '여행하다', '이동하다'라는 의미를 지닌 동사 "Πορεύομαι"에서 파생된 분사 형태이다. 직역하면 '가서' 정도의 의미이다. 신약성서(마태오 28:19)에서 '너희는 가서 이 세상 모든 사람들을 내 제자로 삼으라'라는 구절에 등장하며 중요한 의미를 지닌다.

3c. 뉴질랜드 대교구 및 한국 엑사르히아

1970년 1월 8일 뉴질랜드 대교구(Metropolis of New Zealand)가 설립되면서, 디오니시오스 프시아하스(Διονύσιος Ψιάχας) 대주교가 한국의 엑사르호스로 임명되었다. 그럼에도 불구하고, 유진 사제가 떠난 뒤(1972)에는 병약한 보리스 사제만이 홀로 정교회 공동체에 남아 나날이 늘어가는 사목을 감당하고 있었다. 1973년에는 그를 돕기 위해 그리스에서 콘스탄티노스 할바자키스(Κωνσταντίνος Χαλβατζάκης) 사제가 한국에 입국했다. 콘스탄티노스 사제는 과거 평신도일 당시 그리스 원정군으로서 한국전쟁에 참여했던 인연이 있었다. 이듬해 그리스로 돌아온 그는 당시 서울 정교회 신자 대표였던 한국인 신학자 코스타 김창식으로부터 《우리는 아버지 없이 고아가 된 것 같습니다》라는 짧고도 극적인 메시지가 담긴 편지를 받았다. 서울 공동체의 상황은 극도로 어려웠는데, 콘스탄티노스 사제는 이를 당시 아테네 파파구 지역의 성모 보호 성당의 주임 사제였던 소티리오스 트람바스 수도대사제에게 알렸다. 콘스탄티노스 사제는 서울 신자들의 서신과 동봉된 사진을 보여주며 소티리오스 사제의 의견을 구했는데, 소티리오스 사제는 위태로운 건강 상황에도 불구하고 본인이 직접 서울에 가서 3년 동안 한국 신자들을 돕겠다는 결정을 내렸다.

1975년 12월 1일, 소티리오스 사제가 한국에 입국했고, 신자들은 그를 사랑과 존경과 감사의 마음으로 환영하였다. 특히, 사제 훈련과 영적 지원이 필요했던 보리스 사제는 기꺼운 마음으로 소티리오스 사제에게 서울 성당의 책임자직을 넘겨주었다. 1977년, 보리스 사제와 마리아 김명순 사모(1915-1977)가 갑작스럽게 세상을 떠난 이후, 소티리오스 사제는 홀로 남아 자신 앞에 놓인 어려운 일들을 모두 감당해 나가야 했다.

4. 1975년 이후의 한국 정교회

1975년부터 2008년까지 소티리오스 대주교(1993-2004 질론의 주교, 2004-2008 한국의 대주교)가 한국에서 발전시킨 정교회 선교 활동은 그 범위와 내용이 아주 방대하여 지면상 본고에는 포함되기 어렵고, 별도의 연구가 필요할 것이다.

1975년부터 2022년 안식할 때까지 소티리오스 대주교의 한결같은 관심은 한국 정교회의 발전이었다. 그는 한국에 살았던 47년간 많은 업적을 이루었는데, 간략히 소개하면 다음과 같다. 먼저 체계적인 교리 교육, 예배 조직, 사제서품, 성당 건축, 한국 첫 수도원 건축 등이 있다. 또한, 예배서 번역, 성가 번역 및 음악 작업, 자선활동, 국내 거주 외국인 정교인들에 대한 사목적 돌봄도 그의 주요한 업적이다. 특히, 그는 소련 정권이 무너진 이후(1991) 경제적 이유로 한국에 이민 오기 시작한 슬라브인들의 전례적, 사목적 필요를 채우는 데 큰 관심을 기울이며 활동했다.

이 모든 것에 힘입어 이전까지 '뉴질랜드 대교구 및 한국 엑사르히아'에 소속되었던 한국 정교회는 2004년 4월 20일, 세계 총대주교청에 의해 '한국 대교구 및 일본 엑사르히아'로 승격되었다.

2008년부터 현재까지 한국 정교회 대교구 및 일본 엑사르히아는 암브로시오스 조그라포스(Αμβρόσιος Ζωγράφος) 대주교가 맡고 있다. 그는 전임 대주교의 활동을 이어나가고 있다.

오늘날, 세계 총대주교청에 소속되어 있는 한국 정교회 대교구 및 일본 엑사르히아는 세계 총대주교청과 한국 정부가 승인한 정관에 따라 운영되고 있다. 대교구는 교구 8개, 수도원 2개, 출판사, 성직자 12명 등으로 구성되어 있으며, 한국인 외에도 많은 슬라브인, 영어권 신자들, 그리스인, 루마니아인, 유럽인 신자들이 양 떼를 이루고 있다.

지난 70여 년 가까이 한국에 정교회 증언을 확산하기 위한 세계 총대주교청의 사목 활동은 방대하다. 한국 정교회를 위한 세계 총대주교의 영적 아버지로서의 사랑과 열정은 먼 거리를 여행하는 수고와 희생을 마다하지 않고 네 차례나(1995년, 2000년, 2005년, 2018년) 한국을 방문한 사실에서 드러난다. 세계 총대주교는 네 번의 방문 때마다 한국의 대통령, 장관들, 다른 교회의 지도자들로부터 공식 영접을 받았다.

2018년 방문 때 세계 총대주교는 DMZ를 방문하여 전쟁의 모든 희생자들의 명복과 한반도의 평화를 위해 기도했고, 이에 대해 언론에서는 큰 관심을 보이며 매우 긍정적인 평가를 남겼다.

A Brief History of the Orthodox Church in Korea

Hye Won Cho

Editor of Korean Orthodox Editions

• **Hye Won Cho**

Hye Won (Eleni) Cho holds a Bachelor's degree with a double major in Korean Language and Literature and in Russian Language and Literature from Yonsei University in South Korea. She pursued her graduate studies in Theology at the Aristotle University of Thessaloniki in Greece, where she earned both her Master's and Doctoral degrees. Her research focuses on the history of the Orthodox Church in Korea. She has served as a lecturer in the Department of Greek and Bulgarian Studies at Hankuk University of Foreign Studies. She currently serves as editor of Korean Orthodox Editions.

A Brief History of the Orthodox Church in Korea[1]

Hye Won Cho(Ph. D.)

Editor of Korean Orthodox Editions

1. Missionary efforts in Korea by the Orthodox Church of Russia (1889-1949)

1a. Steps toward establishing the "Orthodox Mission in Korea" (1889-1900)

In the final years of the Joseon dynasty (1392-1897), Korea was going through a period of reforms that would see its transition from a traditional feudal society to a more modern society under the influence of Western culture. Korea established diplomatic, commercial and economic relations with a number of European countries, as well as the United States, Canada and Russia. As a result, foreign diplomats and businessmen came to settle in the country.

In 1888, the Korea-Russia Commerce and Navigation Treaty was signed, according to which, Russian subjects had the ability to perform their religious rites freely in their homes. This would later provide the legal basis for

1. The present article is based on the PhD dissertation of Hye Won (Eleni) Cho, "Το ορθόδοξο μήνυμα στην Κορέα: Μετάδοση και πρόσληψη" ["The Orthodox message in Korea: Transmission and reception"](2021).

the founding of an Orthodox mission in Korea, which would be able to testify to the truth of the Orthodox faith to the Korean people.

In April of 1889, the Secretary of the Russian Diplomatic Mission in Seoul, N.A. Shuysky circulated a memorandum within his department suggesting that missionary efforts be undertaken in Korea. If Orthodoxy were preached to the Koreans, this would be of great political and geographical interest for Russia, since the Russians themselves would be closely associated with it:

"The geographical position of Korea, as well as its political situation, lend exceptional importance to this country for Russian state interests, and its importance will increase even more as its two neighbouring powers in Asia undoubtedly gain in strength: China and Japan. This should provide us with sufficient impetus to make an effort to search out the means to acquire cultural influence there, which will provide the foundation on which political influence can be subsequently built".

Shuysky engaged in careful study of the political and religious situation in Korea and insisted on the foundation of a "Russian Mission", obviously in order to accomplish certain political aims. In spite of this, his proposal did not see any progress for the next seven years (1889-1896), on account of internal problems within the Russian Empire and the absence of suitable missionaries. From 1895-1897, however, Russia's political influence on Korea rapidly increased, following the First Sino-Japanese War (1894-1895), as part of its expansion further and further into the Far East.

The issue of the Orthodox Mission in Korea was once again brought to the fore in January of 1897 by the Deputy Consul of Russia in Seoul Z.M. Polyanovsky who, in a statement to the Russian Ministry of External Affairs, proposed the establishment of the Mission for religious rather than political reasons. According to his statement, besides the staff of the Russian Diplomatic Mission, there lived in Seoul about 120 Orthodox Russians and 30 Orthodox Koreans working as state translators. The absence of an Orthodox church, however, or an Orthodox priest left their spiritual and religious needs unmet. In particular, the Koreans were in great need of pastoral care and liturgical life, lest they lose their faith.

Another initiative for the founding of a "Russian Mission" was put forward in June of 1897 by the Russian Minister of Finance, S.Y. Vittye, who after the First Sino-Japanese War (1894-1895) had undertaken a plan for extending Russian influence in the Far East. Vittye first examined the relevant reports about the political and economic situation in Seoul as well as Shuysky's statement about establishing an Orthodox Mission in Korea. He submitted the relevant request to the Holy Governing Synod of the Orthodox Church of Russia, stressing the political interest that lay in the region and the need to develop an Orthodox community in the area.

On July 2nd, 1897, the Holy Synod, with the approval of Tsar Nicholas II, the Holy Synod published its decision (no.2195) to found the "Russian Mission to Korea" within the already established common framework governing the function of missionaries of the Russian Church abroad. Its stated goal would be to "serve the religious needs of the Orthodox Russians living in Korea and to potentially spread the holy Orthodox faith among the indigenous pagan population". It was also decided that the newly-constituted institute would be placed under the ecclesiastical jurisdiction of the Metropolis of Saint Petersburg, and that the Synod would fund the project.

On October 9th, 1897, the Holy Governing Synod selected Hieromonk Ambrosy Gudko to lead the Orthodox Mission in Korea. A graduate of the Theological Academy of Saint Petersburg and director of the missionary Catechetical School in Bisk, he was elevated to the office of archimandrite. Hierodeacon Nikolay Alexeyev and cantor Alexey Krasin were designated to serve along with Archimandrite Ambrosy as the first staff members of the Mission.

The three set out from Saint Petersburg for Seoul at the beginning of 1898, carrying with them a number of ecclesiastical items. Since in Korea, however, the relations between Korea and Russia had been strained and Russian influence was waning, the Russian missionaries were unable to cross over the Korean border. They were forced to remain on Russian territory, in Novokievsk (now, Kraskino) in the eparchy of Primorsk, until relations could be normalised again. In the waiting period, Archimandrite Ambrosy's assignment was revoked due to his problems with the authorities in Novokievsk. Meanwhile, Hierodeacon Nikolay Alexeyev and Alexey Krasin managed to cross the border and reached Seoul in the beginning of 1899, bringing with them an iconostasis, vestments, some liturgical books, icons and other ecclesiastical implements.

While waiting for a new head priest, the two missionaries began learning the Korean language and communicating with the Koreans. They set up the iconostasis in a room inside the Russian Diplomatic Mission, and on Sundays and major feasts they would hold prayer meetings for the Orthodox Koreans to partake in. However, Alexey Krasin did not remain for long in Seoul and left after only a few months (1899).

After the establishment of the Orthodox Mission, the need arose to purchase land and build an Orthodox church and missionary centre, which according to the decision of the Orthodox community and the Russian diplomatic corps needed to be close to the Russian Diplomatic Mission. In January of 1898, Emperor Gojong of Korea announced his intention to grant Russia a piece of land nearly 1,300 square meters in size near the Russian Diplomatic Mission, in Jeong-dong in exchange for help in resolving his political difficulties with Japan. Ultimately, the land did come into the possession of the Orthodox Mission, in the beginning of 1898, not as a gift, but rather after monetary purchase, in order to avoid any potential conflicts with the French Roman Catholic Mission who had owned a part of the land.

1b. "The Russian Mission in Korea" and its activities (1900-1917)

On September 7th, 1899, by decision of the Holy Synod, Archimandrite Chrysanf Setkovsky, a graduate of the Academy of Kazan, succeeded Archimandrite Ambrosy and along with him his friend Iona Levchenko was appointed as reader and cantor in place of Alexey Krasin. The two reached Seoul in the beginning of January, 1900 and, along with Hierodeacon Nikolay who had already arrived in Seoul, together went on to make up the first essential members of the mission staff. Their first priority was the celebration of the Divine Liturgy in Seoul, but because construction of the church and mission complex had not yet begun, it had to take place in a room inside the Russian Diplomatic Mission appropriately equipped with an iconostasis, icons and sacred vessels. On February 17th, 1900, on the feast of Great-Martyr Saint Theodore of Tyre, the temporary Chapel was consecrated and dedicated to Saint Nicholas, and the first Divine Liturgy was celebrated. To this day, February 17th is considered the birthday of the Orthodox Church in Korea.

Archimandrite Chrysanf, in accordance with the missionary principles of the Orthodox Church, began his work by catechizing the Koreans who had already been baptised in Russia and had been until then unable to practice their religion fully. Additionally, he spoke to Koreans about the Orthodox Faith, with the help of Russian-speaking Koreans.

His main concern was the translation of the Divine Liturgy into the Korean language so that it would be understandable to his Korean parishioners. However, the missionaries themselves had trouble learning the language. This communication problem was addressed by using Korean interpreters who were Russian citizens, but even they had trouble with the ecclesiastical terminology. Translation occurred primarily from Church Slavonic into Russian and then from Russian into Korean. In this way, they managed to translate some prayers, the Nicene Creed and the Ten Commandments. As far as the Holy Scriptures were concerned, they made use of an already existing translation done by the Protestants.

Another priority of Archimandrite Chrysanf was the construction of an Orthodox church. From 1901-1902, he managed to oversee the construction of a number of buildings on the land of the Mission but, because of a lack of financial resources, the church building could not be constructed. For this reason, he was forced to refit one of the school buildings that had already been built into a temporary church of Saint Nicholas, which was consecrated on April 17th, 1903.

The Russo-Japanese War which broke out in 1904 on the Korean Peninsula affected the Orthodox community in Seoul. The Russians were forced to leave the country, and in little time the Mission was forced to close and its members disperse, taking with them only the sacred vessels and their personal items; they entrusted the remaining moveable assets of the Mission to the French Diplomatic Mission.

While serving at the Mission (1900-1904), Archimandrite Chrysanf baptised 14 Koreans in total, 10 men and 4 women. Besides efforts to translate the Divine Liturgy and construct an Orthodox church, he also made an effort to organize educational programs for students and to expand missionary efforts to the countryside, but without much success due to a lack of funds and staff at the Mission.

The Russo-Japanese War came to an end in 1905 with the victory of Japan, which then gradually began to place Korea under its control, on the basis of the Eulsa Treaty (November 1905), thus impeding any further Russian diplomatic influence on the Korean Peninsula.

Archimandrite Pavel Ivanovsky arrived in Seoul in August of 1906 with a group of associates to continue the work of the Mission: Hieromonk Vladimir Scrizalin, Hierodeacon Varfolomey Selezniov, novice monk – cantor and choirmaster Fedor Perevalov (later Archimandrite Feodosii), a teacher named Constantin Siegfried and the two brothers Constantin and Nikolay Pirozkov to serve as catechists. On account of the Russo-Japanese War, the building of the Mission had suffered significant damage and many objects and sacred vessels had been destroyed or stolen, making them unusable. Thus, the first problem that Archimandrite Pavel faced was the restoration of the property of the Mission.

- The missionary work of Archimandrite Pavel Ivanovsky

Beginning in 1907, the Mission operated with relative administrative stability and, thanks to the personality, talents and Godly zeal of Archimandrite Pavel, the Mission made great progress. He devoted special attention to the translation of liturgical books and hymns and the composition of musical settings for these texts, all of which facilitated to no small degree the ability of the Mission to expand into the countryside.

The translation work of Archimandrite Pavel began with the revision and completion of the translation project which had been undertaken by his predecessor, Archimandrite Chrysanf, through the assistance of a Korean, Ivan (John) Kang Tak, who had studied in Russia and knew the Russian language well. With his invaluable contribution and the persistence of Archimandrite Pavel, selective translations of prayers and hymns from the liturgical books of the Orthodox Church were made to meet the liturgical needs of the Church.

The formation of an ecclesiastical choir was the work of choirmaster Fedor Perevalov, who was an expert in ecclesiastical music and had been assigned to the Mission as a cantor to sing the Divine Services. At that time, chant was entirely unknown, but the choirmaster succeeded in forming a choir from the students of the mission schools while, at the same time, transcribing into sheet music the liturgical hymns that had been translated into Korean. As he himself noted, this work was quite difficult since the Korean language contains long, polysyllabic words, which are nevertheless necessary in order to render correctly the theological terms that were until then unknown. In this way, the translated hymns exceeded the length of the given melodies so that the same melodic phrase needed to be repeated in order to fit the words. It is clear that this work demanded a high level of musical and linguistic knowledge. Fedor worked together carefully with the Korean Ivan (John) Kang and, together, they transcribed into sheet music the Divine Liturgy, other services and some ecclesiastical hymns. The music was written down and remained in manuscript form, handwritten by Michael Grigoriou Kim Dong-han, but was unable to be distributed more widely because of financial difficulties.

The operation of the missionary schools was likewise a basic concern of Archimandrite Pavel. In 1906, the first boys' school was opened within the Mission complex in Seoul. Shortly thereafter, on a small piece of land, a girls' school was also opened thanks to a donation from the interpreter at the Russian Consulate. In addition to the established curriculum, there were lessons about the Orthodox faith and, as electives, lessons teaching the Russian and English languages. In the beginning, the lessons were taught in Korean but, after the occupation of Korea by the Japanese, classes were forced to be conducted in Japanese. The teaching faculty reached almost 20 people, and the number of girl and boy students numbered between 250-260. The school's operation was an important part of the Orthodox Mission, but it did not yield satisfactory results, primarily because the instructors were themselves insufficiently educated and lacked pedagogical experience.

The missionary efforts of Archimandrite Pavel were expanded to include the countryside, in an area 40-kilometres northwest of Seoul, where he would frequently visit. This resulted in the creation of missionary outposts in the villages of Gyoha, Karugai, Songchon, Ilsan and Marysim (now in the cities of Paju and Goyang). At each outpost, the missionaries would purchase a privately owned piece of land where they would construct a chapel and a school. In each area, Archimandrite Pavel organized meetings with the residents and spoke to them about Christ, the Mother of God and the Saints. He would celebrate the Divine Liturgy and the Sacrament of Baptism, and then either he himself or another member of the Mission would offer catechetical lessons for all those who desired to learn about Orthodoxy. When the number of Orthodox in the village of Gyoha increased sufficiently, a parish was founded and a Korean priest, Fr. Ivan (John) Kang was permanently assigned there along with a Korean helper Alexey Kim Eui-han. In total, seven schools for young Korean students were established and housed in makeshift structures.

Another important goal for Archimandrite Pavel was the construction of an Orthodox church in Seoul, but this was never successfully realized because, like his predecessor Archimandrite Chrysanf, there was a lack of financial resources. He was forced to content himself with the temporary chapel that had been put together in the past inside one of the school buildings.

In 1908, the Holy Governing Synod of the Orthodox Church of Russia transferred responsibility for the Mission in Korea from the Metropolis of Saint Petersburg to the Eparchy of Vladivostok.

In 1912, Archimandrite Pavel was recalled by the Holy Governing Synod of the Orthodox Church of Russia to Saint Petersburg and, a short time later, was ordained Auxiliary Bishop of the Eparchy of Vladivostok and given the title Nikolsky-Ussuriysk. Between 1906 and 1912, while head priest of the Mission, Archimandrite Pavel baptised 322 Koreans in total (192 men and 130 women), and he contributed to the great progress made in the missionary effort, which he oversaw until his death in 1919. In spite of all this, the political situation in Korea, which from 1905 was under Japanese control and, later on, during the occupation of 1910-1945, would cause significant difficulty for the work of the Mission.

Archimandrite Irinarch Shemanovsky took charge of the Mission after Archimandrite Pavel's departure (1912). His tenure, however, ended after only two years without any significant results, besides the ordination of Korean Luke Kim Hee-Joon to the diaconate, who also held Russian citizenship.

From 1914 onward, Hieromonk Vladimir Scrizalin, who was the only Russian clergyman left in Seoul, carried out the duties of head priest at the Mission. He worked within the framework laid down by the decisions made by Bishop Pavel of Nikolsky-Ussuriysk, who maintained oversight over the Mission. In 1915, at his request, Pavel Afanasiev arrived in Seoul from Vladivostok, offering to assist the Mission through his knowledge of ecclesiastical music. The limitations imposed on Fr. Vladimir resulted in feelings of frustration and the Mission operating at suboptimal levels. He left Seoul in 1917 to join the chaplain corps of the Russian army and navy. In the same period, the Korean Michael Kim continued to produce translated liturgical books in Korean both with musical notation as well as text-only editions. By his efforts, several handwritten liturgical books were completed from 1915-1916.

In 1917, hieromonk Pallady Selechky, a graduate of the Eastern Institute of Vladivostok and highly favoured by Bishop Pavel of Nikolsky-Ussuriysk, took charge of the Mission in Korea. But he did not live up to the expectations of his patron during his short-lived tenure: mission schools closed, Korean teachers were fired from their jobs, and members of the Church were turned against Bishop Pavel. Besides insufficient leadership, however, more important were the financial difficulties that the Mission faced due to the Russian Revolution of 1917. By decision of the Episcopal Council, Fr. Pallady was called back from Korea to Vladivostok in 1917.

1c. "The Russian Mission in Korea" and its activities (1917-1930)

In 1917, Hieromonk Feodosii Perevalov, who had earlier served at the Mission as choirmaster and teacher of ecclesiastical music (1906-1910), was appointed head priest of the Mission. He remained until 1930 during a period of exceptional difficulty; the Russian Revolution had already happened, and its repercussions were immediately felt. The material and spiritual support once provided by the Church of Russia definitively came to an end after 1918. In particular, there was no longer any assistance from the Archbishop of Vladivostok or the Bishop of Nikolsky-Ussuriysk who had been in charge of the Mission, since all communication had been interrupted.

The Mission encountered serious difficulties providing for salaried teachers, catechists and employees, and members frequently found it difficult to make ends meet. In this critical situation, they received financial assistance from the Anglican Church in Korea and from several Russian businessmen residing in Japan, but they were ultimately forced to rent out a portion of their buildings and landholdings to others in order to secure a small income for the Mission. Regardless, many staff members were forced to leave the country and take refuge in Manchuria and Vladivostok. Ultimately, only Fr. Feodosii, Deacon Luke Kim and Alexey Kim remained. When the schools were closed and catechists fired (1917), the work of the Mission was limited to ensuring the existing Orthodox flock received sufficient pastoral care.

Hieromonk Feodosii described the difficult conditions in a letter to Archbishop Evsevy (of Vladivostok), a member of the Holy Synod. This resulted in the unanimous decision of the Synod (no. 1571, 4/11/1921) to place the Mission under the jurisdiction and care of the neighbouring Russian Orthodox Archbishop of Tokyo, Sergey Tikhomirov, while maintaining its institutional independence.

During the Japanese occupation (1910-1945), the Mission was put under pressure to declare its real estate holdings (landholdings and buildings) by a set date. The leadership of the Mission demonstrated relative indifference, however, since they believed that there would be no doubts about the ownership of a Russian institution and, for this reason, by 1924 they had not submitted an official declaration.

After the Russian Revolution, however, the Soviet government and Russian immigrants began to contest the ownership of the institution, and the Japanese occupation forces began planning its confiscation. These events led to the immediate declaration of the property, but this only raised the more important question of who specifically would be declared the owner of the property. If it were the Orthodox Church of Russia, the local institute "the Orthodox Mission in Korea" would have lost all of its assets. If a private citizen were declared, the Mission would be faced with extremely high taxes that they would be unable to pay. The only solution was to declare the property as belonging to the "Ownership Association of the Japanese Orthodox Church", which was recognised by the Japanese authorities as a legal person. The declaration process was completed in 1924.

In 1925, the Mission celebrated its 25th anniversary, which was commemorated with the celebration of the Divine Liturgy. Now an Archimandrite, Feodosii, despite many difficulties, managed to bring 75 Koreans to the Orthodox faith, but during his tenure (1917-1930) all but two of the missionary outposts were closed, and the number of clergy and catechists decreased significantly with the passage of time.

1d. The decline of missionary work in Korea in the period 1930-1949

After the departure of Hieromonk Feodosii (1930), no clergyman, either Russian or Korean, remained in

Korea. Archbishop Sergey of Tokyo formally took charge of the Mission, but in reality, members of the parish council, who were mainly Russian immigrants, were in charge of its care. In 1931, he delegated the direction of the Mission to Archimandrite Aleksandr Chistyakov, a Russian cleric from Manchuria who, owing to the effects of the Russian Revolution in Korea, was limited primarily to liturgical duties and the financial management of the institute without any possibility of evangelising the people. In 1932, the Korean choirmaster of the Mission, Alexey Kim was ordained to the diaconate in Tokyo. By the time of Archimandrite Aleksandr's departure from Korea (1936), he had baptised 87 Koreans in total.

In 1933, the Russian Orthodox Church Outside Russia (ROCOR) attempted through the actions of Bishop Nestor Anisimov of Kamchatka, who was living in Harbin, to take over supervision of the Mission in Seoul, and this, despite maintaining friendly relations with the Archbishop of Tokyo, who had ordained him. However, Nestor was not welcomed in Korea, and the Mission continued to operate under the supervision of Archbishop Sergey.

ROCOR, based in Harbin, had since 1925 already begun missionary activities in the northern portion of Korea, sending missionaries there. Among them was Pavel Afanasiev, who had already served as cantor in the Orthodox community in Seoul (1915-1918) and later took refuge in the north in order to proclaim the Gospel on his own.

With the approval of the Archbishop of Harbin, Afanasiev founded a missionary outpost in Pyongyang in 1931, and in two years, he catechized and brought almost 450 Koreans into the Orthodox Church. He was then tonsured as a monk and ordained to the priesthood (1933). He constructed a private chapel in Pyongyang, but his flock never exceeded a small number. There is no information about his activities from 1939 onward.

Another move by ROCOR on the north-eastern coast of Korea was the construction of a chapel at a resort for Russian immigrants near the port of Chongjin. The chapel was funded through the donation of a Russian family to meet the needs of Russians who had fled from Manchuria to Korea. The chapel was consecrated in 1937 and remained within the jurisdiction of ROCOR until the 1940s.

Hieromonk Polycarp Priimak was appointed as head of the Mission in Korea by the Metropolitan of Tokyo in 1936. Since he did not know the Korean language, he would preach in Russian and celebrate the Divine Liturgy in Church Slavonic, while the Korean Deacon Alexey Kim would proclaim the litanies in Korean. This weakness, along with a lack of schools and catechists due to financial difficulties, limited missionary work in Seoul exclusively to the celebration of the divine services.

At the end of the 1930s, Orthodoxy in Korea entered into a period of harsh trials and tribulations. Since 1936, Japan had promoted a policy aimed at eradicating the Koreans' sense of national identity, hoping to assimilate them as Japanese. Use of the Korean language was prohibited in public spaces as well as participation in any form of religious activity or worship. Koreans were forced to adopt Japanese surnames as well as the piety of the ethnic Japanese religion, Shintoism. For this reason, all activities of the Mission were restricted to exclusively serving the pastoral needs of Russian immigrants; in October of 1941, Metropolitan Sergey of Tokyo was forced to cease all contact with the Mission in Korea due to political and military pressure. Pastoral care and financial oversight of the Mission was transferred to Hieromonk Polycarp, who was elevated to Archimandrite.

After the outbreak of the Second World War, Japanese authorities occupying Korea officially limited the activities of the Orthodox Mission exclusively to Russian immigrants under the pretence of introducing security measures. They prohibited any travel to the countryside in the hopes of cutting off all communication between the Russians and the Koreans, and they imposed Church Slavonic as the language of all liturgical celebrations as a part of their more general plan to eradicate the Korean language.

On August 15th, 1945, Korea was liberated from the Japanese occupation after the defeat of Japan in the Second World War, but a tense political situation prevailed as the north came under Soviet influence and the south under American, dividing the country along the 38th parallel. In this climate of antipathy toward the Russian conquerors in the northern part of the country, Russian Archimandrite Polycarp's relation to Korean deacon Alexey Kim was seen as problematic, and his Korean flock took a reserved attitude toward him. This antipathy was only reinforced by the fact that he had never tried to learn the Korean language, and so the Orthodox Koreans were unable to communicate with him. He spoke only Russian, and his chief pastoral concern was for the Russians living there, a restriction which had been imposed by the Japanese occupation government.

In 1945, immediately after the departure of the Japanese, Fr. Polycarp raised the Soviet flag over the church at the Orthodox Mission, despite opposition from within the Community. This practice provoked a negative reaction among his parishioners (Russians and Koreans) and caused problems with the authorities in Seoul. After June 1947, the Orthodox in Seoul, both Russians and Koreans, sent letters to Archbishop Venyamin of Tokyo, accusing Archimandrite Polycarp of spiritual and moral failings and requesting that he be replaced. In the same year, the Korean Deacon Alexey Kim was ordained to the presbyterate in Tokyo and, in October of 1948, he was assigned as head priest of the Church of Saint Nicholas in Seoul and given responsibility for the Orthodox community there.

The community's displeasure with Fr. Polycarp developed into an open battle after the celebration of the Divine Liturgy in the Orthodox parish in Seoul on December 12th, 1948. A number of parishioners requested that Archimandrite Polycarp give up his position and transfer all of his responsibilities to Korean priest Fr. Alexey Kim as had been commanded by Archbishop Venyamin. Fr. Polycarp stubbornly refused, and quarrels broke out on the Mission premises, which required police intervention. A few days later, the police requested that Archimandrite Polycarp conform to the command of his superior, Archbishop Venyamin. He refused again, and so a document was issued stating that he was forbidden all access to the Mission. He was imprisoned for 10 days and freed thanks to the actions of a Russian parishioner.

Afterwards, he attempted yet again to return to the parish, but to no avail. He was imprisoned for a second time, this time accused of being a spy for the Soviet Union. Later on, he was deported and forced to cross the 38th parallel along with his mother and to take refuge in North Korea. From there they continued on to Harbin.

2. Orthodoxy in Korea during the Korean War (1950-1954)

2a. The situation of the Orthodox community during the Korean War

With the hardships endured by the Russian missionaries and their Korean associates during the Soviet Revolution, the Japanese occupation of Korea and the deportation of Hieromonk Polycarp Priimak in 1949, the first period of the Orthodox Mission in Korea came to a close. This initial phase lasted for half of a century and occurred thanks to the initiative on the part of the Patriarchate of Moscow, the local care and attention of the Institute "The Russian Mission in Korea" and the spiritual direction of the Bishop of Vladivostok and, later on, of the Archbishop of Tokyo. By the end of this period, only one Korean Orthodox priest remained on the Korean Peninsula, Fr. Alexey Kim.

In the first part of the 1950s, the political and social situation in Korea was still tense and unstable, that is, until June 25th, 1950, when the Korean War broke out. This was the result of extreme tensions and ideological conflicts between the Soviet Union and the United States of America, which after the Second World War had taken North and South Korea into their spheres of influence respectively.

This war cost the lives of more than 1,370,000 people and resulted in extensive damage to property in both North and South Korea. Naturally, the Orthodox community in Seoul was not spared these negative effects.

North Korean soldiers captured the only Orthodox priest, Fr. Alexey Kim, on July 9, 1950 and "disposed" of him, with the result that his flock dispersed as well. From that time until the present day, there is no remaining record of what became of him.

Equally tragic were the effects on the Mission complex and the Church of Saint Nicholas, which suffered extensive damage from the bombings and the large fires that resulted. Most Orthodox living in Seoul were forced to take refuge in Busan and in the southern areas of the country in order to survive, since at the beginning of the war Seoul was captured by the communists who had invaded from the North. At this critical moment, with chaos prevailing due to all the movements of populations, a number of the faithful abandoned their Orthodox faith or converted to other Christian confessions, and the same thing occurred with members of other Christian communities. Furthermore, the number of members belonging to the Orthodox community underwent great changes, since by 1946 the "Red Russians", those who had embraced communism, were pressured by the American invaders to leave the country. The so-called "White Russians", who did not sympathise with the Soviet cause, left Seoul by 1950. With the departure of both of these groups, there remained only a very small number of Russians in Seoul during the War and the period that followed.

All of these factors led the Orthodox community in Korea to a seemingly hopeless impasse and a very crucial turning point in its history. Help came unexpectedly from Greek priests, chaplains accompanying the Greek Expeditionary Force (GEF), which participated in the war as a member of the United Nations peacekeeping forces.

2b. The contribution of the Greek priests

The priests of the GEF arrived in Korea primarily in order to provide spiritual and moral support to the

Greek soldiers, without explicitly including in their purpose missionary work among the Koreans. Despite not being their reason for coming, they also provided material and spiritual support to the Orthodox Koreans after they were informed of their existence in Seoul.

Archimandrite Chariton Symeonidis (later, Metropolitan of Polyani and Kilkis) was the first who made an attempt to restore the Orthodox community in Korea, once he was informed of its existence during his service in Korea (March 1952 – May 1953).

Having received permission from his superiors, he was able through great effort, in addition to his pastoral duties with the GEF, to gather some of the 50 Orthodox families who had remained in Seoul. In this way, an initial core group of Orthodox Koreans was formed, with whom Fr. Chariton celebrated the divine services in a tent inside the GEF camp, since the Mission's church had been destroyed during the war.

Additionally, Archimandrite Chariton sent a letter from the Korean Front to Archbishop Spyridon Vlachos of Athens and All Greece (1949-1956), in which he explained the state of Orthodoxy in Korea and Japan, requesting help for the growth of the Orthodox Church in those countries. This is an important historical text, which provides us with accurate information about the state of the Orthodox Church in Korea at that time, as well as illustrating the missionary ethos of its author. Here, a point must be emphasized that this ethos applies also to all Greek military priests, who were inspired by a genuine missionary spirit to help people, and not to serve either political or national interests of Greece.

The main points of the letter can be briefly summarized thus: he makes known that there is an Orthodox community in Seoul but its conditions are desperate since, following the disappearance of their only priest, Fr. Alexey Kim in 1950, its members have been without pastoral guidance and forced to disperse during the war, some deciding to convert to other Christian communities. He suggests that a priest should be sent immediately for the Orthodox community as well as for the Orthodox soldiers that make up the peacekeeping forces from various countries. He stresses that it is necessary for Greece to sponsor university scholarships so that young Koreans can be properly educated, return to Korea and work for the growth of the Church. He considers it a given that any foreign priests sent should only be temporary. Archimandrite Chariton's words reached all the way to the Ecumenical Patriarchate and the Greek Orthodox Archdiocese of North and South America.

It is clear from these suggestions that Fr. Chariton understood how fundamental it is for the success of the Church's missionary work to create an educated clergy and church staff from the local populace.

Archimandrite Chariton Symeonidis, with his strong sense of missionary duty, awakened interest in the restoration of the Orthodox community in Korea. His successor, Archimandrite Andreas Chalkiopoulos made himself known for his extensive pastoral work and his ability to grow the community.

Good timing and generally favorable external conditions contributed to his long and fruitful tenure, since his participation in the GEF (April 1953 – July 1954) occurred mainly after the Armistice of the war (27/07/1953), which gave him the ability to meet freely with the Orthodox in Korea and support them in their faith while also providing help and care to the orphans and the victims of the war. He was a military chaplain for the GEF, but he had the ability to preach and celebrate the Sacrament of the Eucharist in Seoul for the Orthodox Koreans and foreign soldiers on the first Sunday of each month. With the passage of time, the Koreans who had left because of the war gradually returned to Seoul, resulting in the growth of the Orthodox community. New members were added to the community, often the children of the older members, who would come to be catechized and baptized by Fr. Andreas.

The repair of the destroyed church of Saint Nicholas in the Jeong-dong neighborhood in Seoul was an important initiative on the part of Archimandrite Andreas for the growth of the Church. Because of his efforts, Greek soldiers offered to do volunteer work to help rebuild the church, and they held a fundraiser collection among themselves, raising 5,000 dollars to purchase the necessary materials. The church building was renovated using the best methods and, through the funding of the Orthodox Koreans, it was consecrated on November 29th, 1953, in the presence of Korean political authorities and representatives from the military.

In addition, the ordination of a Korean, Boris Moon Yi-chun (1911-1977), was an important step in establishing an Orthodox community with local clergy. The community itself found in Fr. Boris a more than suitable pastor.

Boris Moon, according to the information provided by Fr. Andreas, was raised as a Christian by his parents, but he became an orphan at a young age. Through the help of Fr. Alexey Kim, he managed to finish middle school, and he began to work at the church where he learned a lot about ecclesiastical life. His ordination was quite eventful. It was to be done by Archbishop Irinei Bekish of Tokyo (1892-1981), but entrance to Japan was impossible for Koreans because of hostile relations between the two countries. With the help of the Americans, Boris was disguised as an African American soldier and brought by transport airplane to Tokyo, where he was ordained to the diaconate and the priesthood in January of 1954.

With the spiritual and practical guidance of Fr. Andreas, Fr. Boris began his liturgical, homiletic and pastoral work with the regular celebration of the Divine Liturgy, preaching, catechesis, baptisms, house visits as well as the formation of an ecclesiastical choir. Though a very active clergyman, he was in great need of theological training, if he wished to align himself more closely with Orthodox teaching. He made every effort to make up for this lacking with great patience, humility, piety and trust in God, so that he could respond to truly difficult conditions. The work centred around the parish of Saint Nicholas in Seoul remained alive in this manner for almost 20 more years, and each time that the Divine Liturgy was celebrated, the "liturgy after the Liturgy" would begin through his care of the parishioners and his living out and sharing the truth of the Gospel.

Archimandrite Daniel Iviritis (June 1954 – December 1955) was the last priest of the GEF who would continue the work of Fr. Andreas Chalkiopoulos. In fact, however, the pastoral work of the Greek military chaplains serving in Korea continued through the promptings of various groups which sponsored scholarships for young Koreans so that they could study in Greece and receive the necessary education to serve the Church in Korea.

3. Orthodoxy in Korea during the postwar period (1954-1977)

3a. The irregular status of the Orthodox community

During the period between 1954 and 1977, the Orthodox community in Seoul would be faced with a number of problems: Fr. Boris Moon was the only Orthodox priest in all of Korea while, at the same time, multiple financial and legal difficulties challenged the community. In this environment, Fr. Boris began using money and materials from the GEF to renovate the physical buildings of the Mission and the classrooms of the girls' middle school that operated there, which provided an income to the Orthodox community. He taught the religion class at the school himself, and there he had the opportunity to share the message of Orthodoxy with his students and their parents.

In addition, the absence of a local bishop was a significant problem for the life of the community and its further growth. Complicated political conditions prevailed in the country and ruled out communication with neighboring bishops. The Russian bishops found themselves on Soviet territory, and the Archbishop of Tokyo was in a country still hostile toward Korea on account of the occupation which had just ended. As a result, the community found itself outside of any ecclesiastical jurisdiction. Besides, relations with the Moscow Patriarchate, to which the first Orthodox communities in Korea owed their existence, had grown cold, on account of the civil war that had led to the division of the country. Naturally, the Koreans were not keen to enter into a relationship of dependence with the Russians. Toward this end, 192 members (84 men, 108 women) of the Orthodox community, in their General Assembly on December 25, 1955, unanimously decided to seek integration into the Ecumenical Patriarchate of Constantinople.

3b. The Orthodox community in Korea under the supervision of the Ecumenical Patriarchate (Greek Orthodox Archdiocese of North and South America)

The Orthodox community in Korea was already familiar with the Archdiocese of America, since Orthodox Greek Americans, in collaboration with the Greek Expeditionary Forces in Korea had contributed to the repair of the damaged church of Saint Nicholas and had provided the necessary assistance for Fr. Boris to travel to Japan where he was ordained. Additionally, Greek clergymen of the GEF communicated with the Archbishop of America, Michael Konstantinidis, about various topics related to the Church of Korea, as well as Fr. Boris who, after their departure, had communicated personally with him, requesting his spiritual and administrative guidance.

By unanimous decision of the Orthodox Korean community, the official request with their signatures was submitted to the Archbishop of America in May of 1956 and approved in June of the same year.

In 1956, by decree of the Ecumenical Patriarchate, the Metropolis of Australia and New Zealand was given charge of the pastoral care of the Orthodox community in Seoul, since other Orthodox communities in the Far East (Japan, the Philippines) already belonged to it. In January of 1958, the community temporarily came under the jurisdiction of the Archdiocese of North and South America, in order to effectively deal with its financial difficulties as well as return the assets of the Mission Institute, which had been declared as belonging to the "Ownership Association of the Japanese Orthodox Church", based in Japan, but after 1945 had been confiscated by the Korean government.

In 1957, the then-Archbishop of Thyateira, Athenagoras, in a statement to the Ecumenical Patriarchate about his visit to Korea stressed the need to immediately address the financial problems of the community through the return of its property. In response, the Ecumenical Patriarchate, finding that the Archbishop of Australia and New Zealand was unable to effectively secure the return of the assets, decided in 1962 to assign Archbishop Iakovos of North and South America as Exarch of Korea. This lasted until 1970 when responsibility for the community was transferred to the newly constituted Metropolis of New Zealand.

In the meanwhile, the building that housed the girls' school was irreparably damaged in a large fire (January 1960), forcing it to shut down permanently for financial reasons and, at the same time, resulting in the loss of an important source of income for the community as well as an important missionary field for the priest.

The return of the Institute's property remained an open wound, because although the "Ownership Association of the Japanese Orthodox Church" based in Japan no longer had any authority over it, formal or actual, after the end of the Second World War the property had been confiscated by the Korean state (1948).

Negotiations between the Orthodox community and the Korean government regarding the return of the Mission's assets had already begun during the tenure of Fr. Alexey Kim, before 1950, and because seven years passed without any result, the community appealed to Archbishop Michael of America, who sent a personal letter to the President of Korea, Rhee Syngman (1957), asking for his personal intervention. In the same year, Archbishop Athenagoras of Thyateira, as Exarch of Korea, met with the President and various officials, in order to explain to them the issue and ask for the return of the Mission's assets. In the legal trial (April 3rd, 1962) that ensued between the Orthodox community in Seoul and the government, the problem was not solved, and the property was judged to be property of the state. The only way to reobtain it now was to pay 100,000 dollars, an amount impossible to procure. Members of the community continued their struggle with appeals to the Ministries of External Affairs, Finance, etc., beginning anew the legal battle with the government which, after much effort, was settled in favour of the community by the Supreme Court (September 22nd, 1964).

During the protracted legal battle, the Orthodox community in Seoul passed through a great moral and financial trial, but it received economic assistance from the Greek Orthodox Archbishop of America and a good number of sponsor organizations in Greece, which had become affiliated with Korea, primarily through their activities with the GEF. More specifically, in the years 1962-1963, the following groups offered their help: The Church of Greece, the Greek Government, the "Greek-Korean Association of Athens", the association of "Greek Soldiers of Korea", the "Association for the victims and disabled from the Korean War", the relatives of those Greeks who had died in Korea, the Hellenic Red Cross, and other Greek Christian Organizations and members of the Community of Athens, all set into action. Notable support came from the Pan-Orthodox Missionary Centre "Porevthentes" ([Πορευθέντες]: "GO YE"), and their periodical of the same name, but above all from their inspired founder, then-Archimandrite Anastasios Yannoulatos (late-Archbishop of Albania), who had contributed more broadly to the revival of missionary work in the Orthodox Church. "Porevthentes", with the prompting of its Orthodox members from other Orthodox Churches, especially those in America, as well as its overtures to the government of Korea, contributed to the ultimate legal victory of the community in Seoul. The Orthodox in Seoul recognised this contribution with gratitude. The years that followed were difficult, since legal problems had to be resolved and financials debts repaid. Archbishop Iakovos, as Exarch of Korea, during his pastoral visit (November 15th-18th, 1966), offered the members of the community spiritual and material support and advised them to sell the property of the "Orthodox Mission in Korea" located in the Jeong-dong neighbourhood, and use that money to settle their financial obligations and to proceed with building the Cathedral in another part of Seoul.

Construction began in the Fall of 1967 in Mapo. The church was designed according to the traditional Byzantine style and was completed after a year. It opened in 1968 and was consecrated in 1978. All of these legal and administrative struggles, pastoral concerns and effort to build the church, however, came at the great cost of Fr. Boris' health, forcing him to submit his resignation from full-time pastoral duties. To relieve him, the Archbishop of America sent (1969) the Greek American Archimandrite Eugene Pappas, who assisted in pastoral work and encouraged the young Korean Na Chang-kyu to study theology in Boston.

3c. The Metropolis of New Zealand and Exarchate of Korea

After the creation of the Metropolis of New Zealand (January 8th, 1970), Metropolitan Dionysios (Psiachas) was assigned as Exarch of Korea. In spite of this, after the departure of Fr. Eugene Pappas (1972), only the already weak and sick Fr. Boris remained to look after the community in Korea alone while being expected to carry out an ever-expanding list of pastoral duties. In 1973, Fr. Konstantinos Chalvatzakis, who as a lay person had been a soldier in the GEF, came from Greece to Korea to assist the community. When he returned to Greece after a year, he received a letter from the then-president of the community, theologian Kostas Kim Chang-sik, with the following austere and dramatic message: "We feel like orphans". The situation of the community was truly critical. When Fr. Konstantinos described it to Archimandrite Soterios Trambas, parish priest at Holy Protection Papagou in Athens asking for his advice while showing him the letter and the enclosed photograph, Fr. Soterios surprised him by deciding to go himself to Seoul for three years and to assist the Korean community, despite his rather precarious health. In Korea, the members of the community welcomed him (December 1st, 1975), with feelings of love, respect and gratitude, not least among them Fr. Boris who needed priestly training and spiritual support, and for this reason, happily handed over to him his responsibility for the parish. After the sudden death of Fr. Boris and his wife Maria Kim Myeong-soon (1915-1977), Archimandrite Soterios was left alone carrying out the difficult work before him.

4. Orthodox Church in Korea after 1975

The work of Fr. Soterios Trambas, which lasted from 1975 to 2008, is too extensive to be included in the present article due to limitations of space, and it deserves to be treated as a particular object of study in its own right.

From 1975 until his passing away in June 10th, 2022, his constant interest was the progress of the Orthodox Church in Korea. During the 47 years he lived in Korea, he managed to achieve a lot of work, such as: Catechism, organization of worship, ordination of priests, construction of churches as well as the first monastery in Korea. In addition, translation of liturgical books, translation of hymns and musical work, charity work, and pastoral care for foreign Orthodox Christians residing in Korea. In particular, great care was taken to meet the liturgical and pastoral needs of all Slavic speakers (Slavophones), who began to come to Korea, as economic immigrants, after the collapse of the Soviet Union in 1991.

All this great work became the reason for the Orthodox Church in Korea, which previously belonged to the Metropolis of New Zealand as Exarchate of Korea, to be elevated by the Ecumenical Patriarchate as the Metropolis of Korea and Exarchate of Japan on April 20, 2004.

Since 2008, Bishop Ambrosios Zographos has been the Metropolitan of Korea and Exarch of Japan and he continues all the activities of his predecessor.

Today, the Orthodox Metropolis of Korea and Exarchate of Japan, under the Ecumenical Patriarchate, operates based on official by-laws approved by the Ecumenical Patriarchate and the Korean State. It has 8 parishes, 2 monasteries, a Publishing House and 12 clergymen. In addition to the Korean faithful, its flock includes Orthodox Slavophones, English speakers, Greeks, Romanians and various other Europeans.

For 7 continuous decades, the pastoral care of the Ecumenical Patriarchate for the spread of Orthodox witness in Korea is enormous. Characteristic of the paternal love and zeal of the Ecumenical Patriarch for the further spread of Orthodox witness in the Korean society is that he himself did not calculate efforts and sacrifices in order to visit Korea from such a distance, 4 consecutive times (1995, 2000, 2005, 2018). During these visits, he was officially received by the respective President of the country, by Ministers and by leaders of other Churches.

During the Patriarch's last visit in 2018, various journalists made very positive comments on the Patriarch's visit to the DMZ, during which he prayed for all the victims of the Civil War (1950-1953) and for peace on the Korean peninsula.

| 일러두기 |

1. 원본 앨범의 각 페이지에는 여러 점의 사진이 실려 있다. 본서에서는 먼저 원본 앨범의 각 페이지를 있는 그대로 담았고, 후에는 개별 사진을 크게 확대하여 담았다. 또한, 원본 앨범에는 당시 앨범 편찬자들이 남긴 설명들이 러시아어와 옛 한국어로 기록되어 있다. 본서에서는 그 설명들을 러시아어와 옛 한국어로 그대로 표기(갈색)하고, 이어서 영어와 현대 한국어로 번역하여 표기(검은색)하였다.
2. 하늘색 상자 안에 있는 내용은 본서 편집 과정에서 더해진 설명으로, 한국 정교회 대교구의 것이다.

| Explanatory notes |

1. Each page of the original album contains several photographs. In this book, the pages of the original album are first presented as they are, followed by individual photographs that are enlarged. Additionally, the original album contains descriptions left by the album compilers in Russian and old Korean. In this book, those descriptions are reproduced in their original form in brown text, followed by translations in English and modern Korean in black text.
2. The content inside the light blue box is an explanation added during the editing process of this book, and it belongs to the Orthodox Metropolis of Korea.

제2부

앨범

Chapter 2.

Album

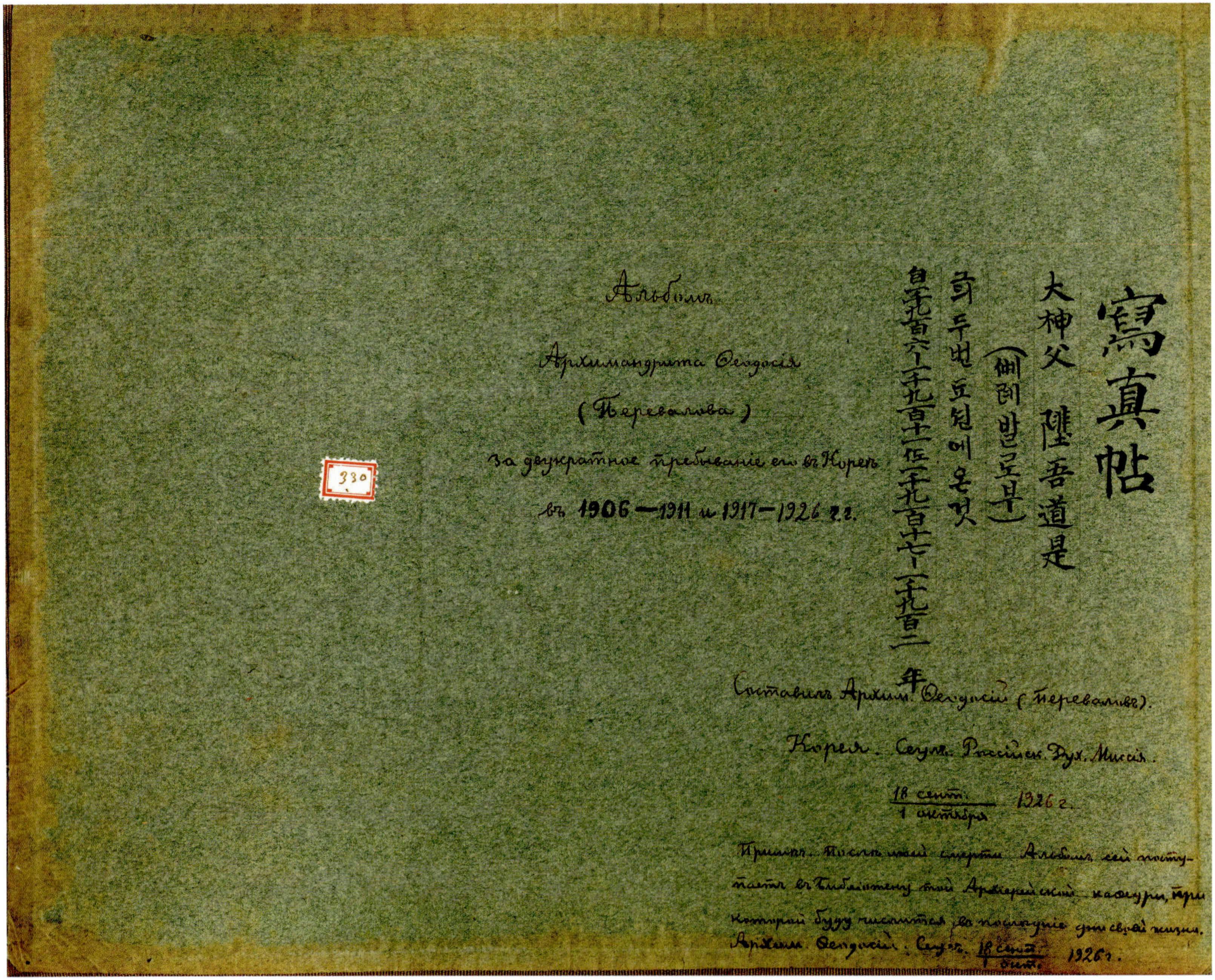
寫真帖
大神父 陸吾道是
(뼤레발로부)
희 두번 됴션에 온것
自一千九百六—一千九百十一 伍 一千九百十七—一千九百二 年
Альбомъ
Архимандрита Ѳеодосія
(Перевалова)
за двукратное пребываніе его въ Кореѣ
въ 1906—1911 и 1917—1926 г.г.
330
Составилъ Архим. Ѳеодосій (Переваловъ).
Корея. Сеулъ. Российск. Дух. Миссія.
18 сент. / 1 октября 1926 г.
Примѣч. Послѣ моей смерти Альбомъ сей посту-
паетъ въ библіотеку моей Архіерейской каѳедры, при
которой буду числится въ послѣдніе дни своей жизни.
Архим. Ѳеодосій. Сеулъ. 18 сент. / 1 окт. 1926 г.

Альбом Архимандрита Феодосия (Перевалова)
за двукратное пребывание в Корее
в 1906–1911 и 1917–1926 гг.
寫眞帖
大神父 吾道是
(ᄲᅦ례발로부)
그의 두번 됴션에 온 것
自一千九百六 – 一千九百十一 ᄯᅩ 一千九百十七 – 一千九百二★年
Album of Archimandrite Feodosii (Perevalov)
for 2 stays in Korea 1906–1911 and 1917–1926
페오도시 페레발롭 수도대사제의 사진앨범
두 번의 한국 체류 기간 (1906–1911년, 1917–1926년) 동안 수집

Составил Архим. Феодосий (Перевалов).
Корея. Сеул. Российская Духовная Миссия
18 сентября/1 октября 1926 г.
Примечание: После моей смерти Альбом сей поступит в Библиотеку при Архиерейской канцелярии, при которой буду числится в последние дни своей жизни
Архим. Феодосий. Сеул. 18 сентября/1 октября 1926 г.
Compiled by Archim. Feodosii (Perevalov).
Korea, Seoul. Russian Orthodox Mission
September 18/October 1, 1926
Note: After my death, this album will go to the Library at the Bishop's chancelry where my name will be recorded in the last days of my life.
Archim. Feodosii. Seoul. September 18/October 1, 1926
페오도시 (페레발롭) 사제 모음.
러시아 정교회 선교회, 한국 서울.
1926년 10월 1일 (구력 9월 18일)
메모: 제가 죽은 뒤에는 이 앨범을 제가 말년을 보냈던 주교청의 도서관에 보관해주십시오.
페오도시 사제, 1926년 10월 1일 (9월 18일)

Корея. Сеул 1906–1907 **Духовная Миссия** С. 1

Korea, Seoul Orthodox Mission P. 1

한국, 서울 정교회 선교회 1쪽

Регент Духовной Миссии Федор Иванович Перевалов
(ныне Архимандрит Феодосий)
В первые годы служения своего в Корее в 1906-1907 гг.
정교회의 詠隊長 페오돌, 이빠노
빗치, 쎄례바놀부
(現今大神父, 페오도시)
朝鮮에 그의 처음 勤務
自一千九百六 - 一千九百七年ᄭᆞ지
Regent of the Orthodox Mission
Fedor Ivanovich Perevalov
(later Archimandrite Feodosii)
In the first years of his ministry in Korea in
1906-1907
정교회 선교회의 성가대
표도르 이바노비치 페레발롭
(후 페오도시 수도대사제)
1906-1907년, 한국 사역 초기에

Корейский и японский флаги
Korean and Japanese flags
한국과 일본의 국기

* 앨범의 1-11쪽까지는 1906-1911년 사진이다.
Pages 1-11 of the album contain photos from 1906 to 1911.

После экзаменов в школе
After school exams
학교에서 시험 이후에

Ф. И. Перевалов

F.I. Perevalov

페레발롭

В миссийском саду под розами

In the mission garden under the roses

선교회 정원 장미나무 아래에서

* 이 앨범을 수집한 장본인 페오도시 페레발롭 사제(세속명: 표도르 이바노비치 페레발롭)로 1875년 뱟카 지방에서 태어나 1894년 견습 수도사가 되었다. 1904년 러일전쟁 중 만주 지역에서 성가대로 봉직했으며, 1906년 파벨 대수도사제가 이끄는 선교회의 일원으로 한국에 입국하여 성가대장 및 성가 교사로 활동했다. 교회 음악에 능통했기에 한국 선교사들과 협력하여 한국어로 번역된 성가 가사를 악보에 옮기는 작업을 하였다. 1908년에 수도 서원을 받고 1910년 블라디보스톡으로 떠나서 수도보제(hierodeacon)에 이어 수도사제(hieromonk)가 되었다. 그후 블라디보스톡에서 사역하다가 1917년 서울 선교회장으로 임명되어 다시 한국에 왔다. 러시아 혁명의 영향으로 러시아 교회와 단절된 한국 선교회는 1918년부터 막대한 물질적, 영적 어려움을 겪었기에, 페오도시 사제는 극도로 어려운 시기에 선교회를 맡고 있었다.
1923년에 수도대사제(Archimandrite) 칭호를 받았다. 1926년에는 1925년까지의 한국 선교회 역사를 담은 보고서 "한국에서의 러시아 정교회 선교회(1900-1925)"를 완성지었고, 이 책은 1926년에 하얼빈에서 처음 발간되었다. 1930년, 건강상의 이유로 선교회장직에서 물러나 일본 도쿄로 이주했고, 그곳에서 1933년에 안식했다.

The person who collected this album was Fr. Feodosii Perevalov (secular name: Fedor Ivanovich Perevalov), who was born in 1875 in the Vyatka region and became a novice monk in 1894. During the Russo-Japanese War in 1904, he served in the choir in the Manchurian region. In 1906, he entered Korea as part of a mission led by Archimandrite Pavel, where he worked as a choir director and choir teacher. Being proficient in church music, he collaborated with Korean missionaries to transcribe hymn lyrics translated into Korean onto musical scores. He took monastic vows in 1908 and left for Vladivostok in 1910, where he became a hierodeacon, and later a hieromonk. He continued his ministry in Vladivostok until he was appointed head of the Korean mission in Seoul in 1917. Due to the influence of the Russian Revolution, the Korean mission was cut off from the Russian Church and faced severe material and spiritual difficulties starting in 1918, a period during which Fr. Feodosii was in charge of the mission. In 1923, he was elevated to the rank of Archimandrite. In 1926, he completed a report titled "Russian Orthodox Mission in Korea (1900-1925)," which was first published in Harbin in 1926. Due to health problems, he stepped down from his position as head of the mission in 1930, moved to Tokyo, Japan, and passed away there in 1933

Михаил Ким, Ф.И Перевалов, Алексей Ким
Michael Kim, F.I.Perevalov, Alexey Kim
미하일 김, 표도르 페레발롭, 알렉세이 김

* 페레발롭 수도사와 같이 사진을 찍은 한국인 두 명은 형제 지간으로, 미하일 김동한(좌)과 알렉세이 김의한(우)이다. 김동한은 러시아어와 음악에 능통해 선교회에서 성가대와 음악 교사로 활동했다. 특히, 한국어로 번역된 예배문을 직접 손으로 기록해서(악보와 함께 또는 악보 없이), 많은 필사본이 현재까지도 한국 정교회 대교구에 보존되고 있다. 1896년 출생인 김의한은 어린 시절 정교인으로 세례받은 뒤 정교회 선교회 학교에서 수학하고, 성가대로 활동하며 선교회 일원이 되었다. 또한 교하에 세워진 선교 처소에서 이반 강탁 사제를 돕기도 했다. 1932년에 보제 서품을 받고, 1948년 사제 서품을 받으며 한국인 중 세 번째 정교회 사제로 서품되었으나, 6.25 전쟁 때 납북된 후 생사가 전해지지 않는다. 2000년, 그를 기념하는 기념비가 파주 용미리에 있는 정교회 묘지에 세워졌다.

The two Koreans who took a photo with the monk Perevalov were brothers: Michael Kim Dong-han (left) and Alexey Kim Eui-han (right). Kim Dong-han was proficient in Russian and in music, working as a choir and music teacher at the mission. Notably, he manually transcribed the liturgical texts which had already been translated into Korea (with or without musical notation), and many of these manuscripts are still preserved in the Orthodox Metropolis of Korea today. Kim Eui-han, born in 1896, was baptized as an Orthodox Christian in his childhood, studied at the Orthodox mission school, participated in the choir, and became a member of the mission. He also assisted Fr. Ivan (John) Kang Tak at the mission station established in Gyoha. In 1932, he was ordained a deacon, and in 1948, he was ordained a priest, becoming the third Korean to be ordained an Orthodox priest. However, he was abducted during the Korean War and has been missing ever since. In 2000, a memorial was erected in his honor at the Orthodox cemetery in Yongmi-ri, Paju.

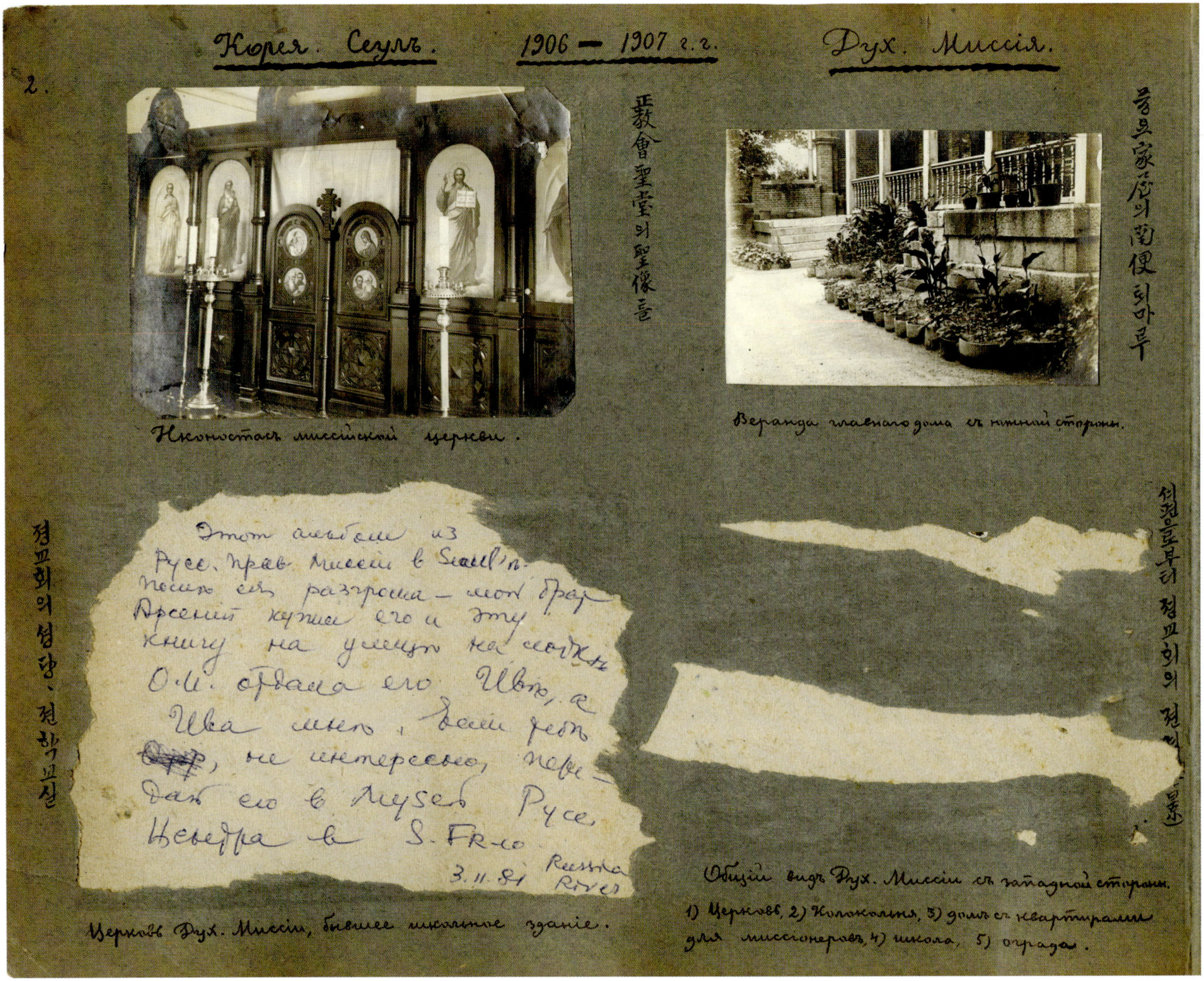

Корея. Сеул	1906−1907	**Духовная Миссия**	С. 2
Korea, Seoul		Orthodox Mission	P. 2
한국, 서울		정교회 선교회	2쪽

Иконостас миссийской церкви

正教會 聖堂의 聖像들

Iconostasis in the mission church

선교회 성당의 이코노스타시스

* 이코노스타시스(iconostasis: 정교회 성당 안에서 지성소와 회중석을 구분하는 성화벽)로 당시 정동에 있던 정교회 성당에 설치되었다. 1890년대에 러시아 상트페테르부르크에서 제작되어, 초기 선교사들이 한국에 입국할 때 같이 가져왔다. 성 니콜라스 성당이 1960년대 후반 마포로 재건축되었을 때, 이 성화벽도 새 성당에 이전 설치되었고, 후에는 같은 부지에 위치한 성 막심 성당으로 옮겨져 지금까지 자리하고 있다.

The iconostasis (iconostasis: a wall of icons that separates the nave from the sanctuary in an Orthodox church) was installed in the Orthodox church in Jeong-dong at that time. It was made in Saint Petersburg, Russia, in the 1890s and was brought to Korea by early missionaries. When St. Nicholas Cathedral was rebuilt in Mapo in the late 1960s, this iconostasis was moved to the new cathedral. Later, it was transferred to St. Maxim Church located on the same site, where it remains to this day.

Веранда главного дома
с нижней стороны
중요 家屋의 南便 툇마루
The veranda of the mission
house from the lower side
아래쪽에서 본 본관 베란다

Общий вид Духовной Миссии с западной стороны
1) Церковь 2) Колокольня 3) Дом с квартирами для миссионеров 4) Школа
5) Ограда
셔편으로부터 정교회의 전★★景)
General view of the Orthodox Mission from the western side
1) Church 2) Belfry 3) House with apartments for missionaries 4) School
5) Fence
서쪽에서 본 선교회 전경 1) 성당 2) 종탑 3) 선교사 사택 4) 학교 5) 울타리

* 이 메모는 누락된 사진에 대한 설명이다.
Note for the description of missing photo.

Церковь Духовной Миссии, бывшее школьное здание

정교회의 성당, 전학교실

Orthodox Mission Church, former school building

선교회 성당, 이전 학교 건물

* 사진이 누락된 자리에, 이 앨범이 어떻게 '러시아 문화 박물관'으로 유입되었는지 중간 단계를 알 수 있게 해주는 메모가 남겨져 있다.
In the place of a missing photo, there is a note explaining the intermediate steps of how this album ended up at the 'Museum of Russian Culture.'

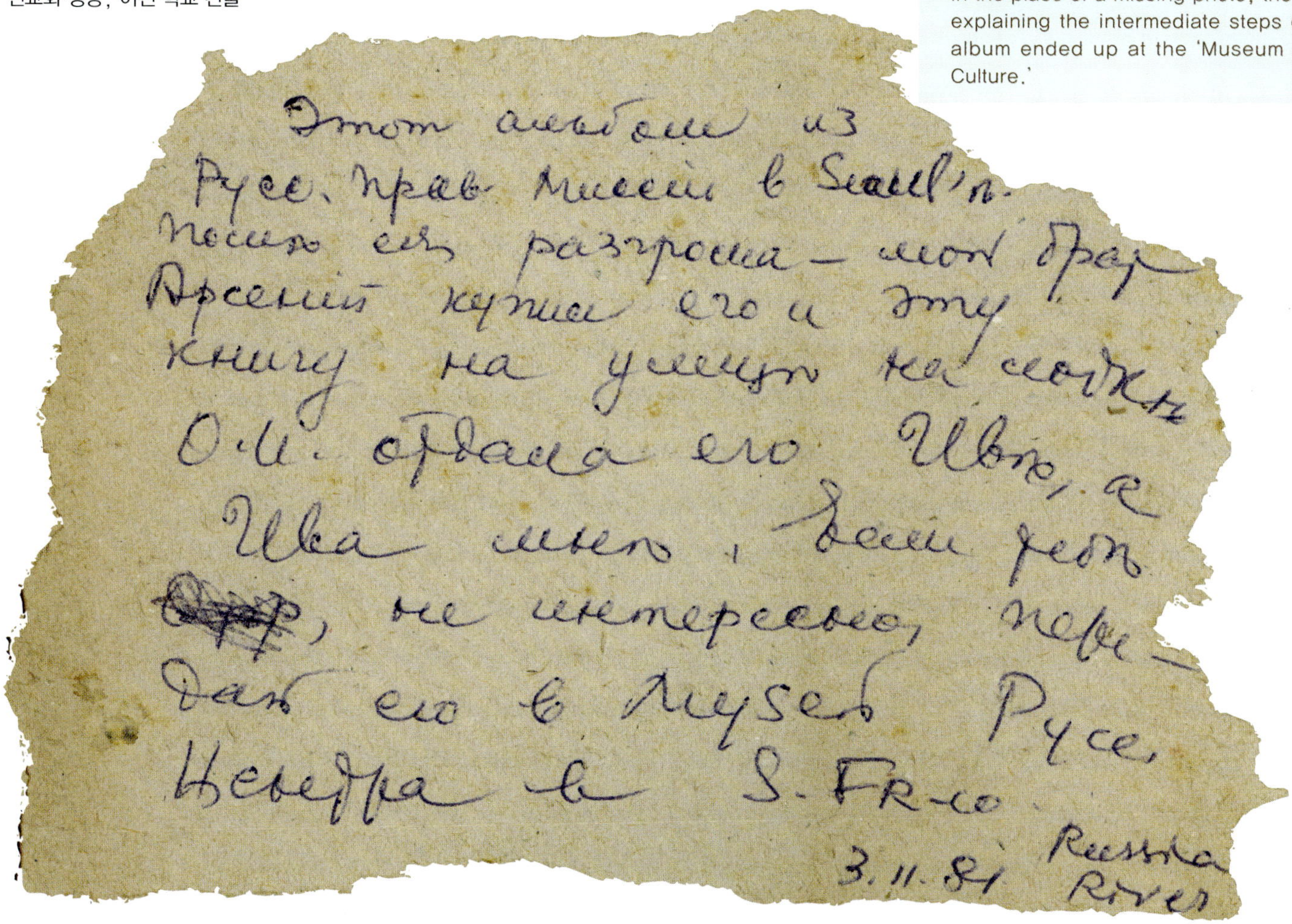

Этот альбом из
Русс. прав. миссии в Seoul'e
после ея разгрома – мой брат
Арсений купил его и эту
книгу на улице на лотке
О.М. отдала его Иве, а
Ива мне. Если тебе
не интересно, пере-
дай его в музей Русс.
Центра в S. FR-co
3.11.81 Russian River

Этот альбом из русской православной миссии в Сеуле после ея разгрома – мой брат Арсений купил его и эту книгу на улице на лотке. О.М. отдала его Иве, а Ива мне. Если тебе не интересно, передай его в музей Русского Центра в Сан Франциско. 3.11.81.

This album is from the Russian Orthodox mission in Seoul after it was destroyed – my brother Arseniy bought it and this book on a street. O.M. gave it to Iva, and Iva gave it to me. If you are not interested, hand it over to the museum of the Russian Center in San Francisco. 11/3/81.

이 앨범은 서울에 있던 러시아 정교회 선교회의 것이다. 선교회가 해체된 후, 나의 남동생 아르세니가 이 앨범과 이 책을 길거리에서 샀고, O.M.가 이 앨범을 이바에게 주었고, 이바가 나에게 주었다. 이 앨범이 너에게 관심이 없다면 샌프란시스코에 있는 러시아 박물관에 전달해라. 1981년 11월 3일.

Корея. Сеул	1906–1907	Духовная Миссия	С. 3
Korea, Seoul		Orthodox Mission	P. 3
한국, 서울		정교회 선교회	3쪽

Вид Духовной Миссии с юго-восточной стороны (здания возведены в 1902 г.)
東南間으로셔 보이는 졍교회 경치(景)
View of the Orthodox Mission from the southeast side (buildings erected in 1902)
남동쪽에서 본 정교회 선교회 모습 (1902년 건축)

Корея. Сеул 1908 С. 4

Korea, Seoul P. 4

한국, 서울 4쪽

* 블라디미르 스크리잘린 수도사제(hieromonk)는 1906년에 파벨 수도대사제와 같이 한국에 입국했고, 1914-1917년에 제4대 선교회장직을 맡았다. 그러나 당시 선교회장으로서 권한의 한계가 있었던 것에 불만을 느끼고 1917년에 사임하고 서울을 떠났다. 3년간 선교회의 발전은 저해되었으나, 이 시기에 미하일 김동한은 한국어로 번역된 예배문들을 계속 필사했다.
Hieromonk Vladimir Scrizalin entered Korea in 1906 with Archimandrite Pavel and served as the fourth head of the mission from 1914 to 1917. However, dissatisfied with the limitations of his authority as the head of the mission, he resigned and left Seoul in 1917. Although the mission's progress was hindered for three years, during this time, Michael Kim Dong-han continued to transcribe liturgical texts translated into Korean.

Иеромонах Владимир (Скрижалин)
슈ᄉᆞ, 신부, 불라지밀
Hieromonk Vladimir (Scrizalin)
수도사제 블라디미르 스크리잘린

Проводы Архимандрита Павла во Владивосток

폐신부, 파우셔를, 해삼위로, 젼송하는 것

Archimandrite Pavel's send off to Vladivostok

파벨 수도대사제를 블라디보스톡으로 송별하면서

На вокзале
명거장에
At the station
기차역에서

* 사진 가운데, 지팡이를 집고 있는 사람은 파벨 이바놉스키 수도대사제이다. 파벨 수도대사제는 선교 초기 6년간(1906-1912) 선교회장으로 있으면서 한국 정교회 선교를 크게 발전시켰다. 그는 1874년 러시아 툴라에서 태어나, 1896년에 수도사가 되었고, 수도사제(heiromonk)로 서품받았다. 1904년, 블라디보스톡 동양연구소 한국학과를 졸업한 뒤 한국 정교회 선교회장으로 임명되었으나, 러일전쟁으로 한국에 입국할 수 없었다. 1906년 8월, 6명의 선교사와 같이 한국에 입국하여 선교회를 이끌었다. 그는 탁월한 능력과 선교적 열정으로 선교회를 체계적으로 운영하여, 예배문 번역, 성가 번역, 악보 필사, 선교회 학교 운영, 지방 선교 등의 발전을 이루었다. 1912년, 블라디보스톡 관구 니콜스키-우수리스크의 보조 주교로 선출되어 출국했으나, 멀리서도 계속 한국 정교회 선교회를 감독했다. 1919년에 병으로 사망했다.

In the center of the photo, the person holding the staff is Archimandrite Pavel Ivanovsky. Archimandrite Pavel significantly advanced the Korean Orthodox mission during his six-year tenure as head of the mission (1906-1912). Born in Tula, Russia, in 1874, he became a monk in 1896 and was later ordained a hieromonk. In 1904, after graduating from the Oriental Institute in Vladivostok with a focus on Korean studies, he was appointed head of the Korean Orthodox Mission, but due to the Russo-Japanese War, he could not enter Korea. In August 1906, he arrived in Korea with six other missionaries and led the mission. With exceptional skills and missionary zeal, he managed the mission systematically, achieving progress in translating liturgical texts, hymns, and musical scores, running mission schools, and expanding regional missions. In 1912, he was elected auxiliary bishop of the Nikolsky-Ussuriysk diocese in Vladivostok and left Korea, but continued to oversee the Korean Orthodox Mission from afar. He passed away in 1919 due to illness.

Корейцы-христиане на веранде миссийского дома

됴션교인들이, 교회집 툇마루에

Korean Christians on the veranda of the mission house

선교회 베란다에 있는 한국 신자들

В миссийском саду
1) Алексей Ким 2) Монах Феодосий (Перевалов)
3) Александр Пак 4) Повар Василий Ким и
5) Ученик школы
교회, 공원에
In the mission garden
1) Alexey Kim 2) Monk Feodosii (Perevalov)
3) Alexander Park 4) Cook, Vasily Kim
5) School student
선교회 정원에서
1) 알렉세이 김 2) 페오도시 수도사 3) 알렉산더 박
4) 요리사 바실리 김 5) 학교 학생

* 왼쪽 첫 번째는 후에 사제가 되는 알렉세이 김의한이다.
The first person on the left is Alexey Kim Eui-han, who later became a priest.

Корея. Сеул 1908

Korea, Seoul

한국, 서울

Духовная Миссия С. 5

Orthodox Mission P. 5

정교회 선교회 5쪽

На террасе за чаем
층계에서, 차드리는것
On the terrace for tea
테라스에서 차를 마시며

Кормёжка голубей

비닭이들, 먹이는것

Feeding the pigeons

비둘기 모이주기

В саду Миссии

1) Монах Феодосий

2) Иеродиакон Кирилл

교회, 공원에

In the garden of the mission

1) Monk Feodosii

2) Hierodeacon Kirill

선교회 정원에서

1) 수도사 페오도시

2) 수도보제 끼릴

* 페레발롭 수도사 옆은 끼릴 수도보제로, 수도사가 되기 전 이름은 콘스탄틴 지그프리드였다. 콘스탄틴은 파벨 수도대사제와 함께 1906년 입국했고, 선교회에서 교사로 봉직했다. 1908년 수도사가 되면서 이름을 끼릴로 바꾸었고, 같은 해 수도보제로 서품되었다.

Next to the monk Perevalov is Hierodeacon Kirill, whose name before becoming a monk was Constantin Siegfried. Constantin entered Korea in 1906 with Archimandrite Pavel and served as a teacher at the mission. In 1908, he became a monk, changed his name to Kirill, and was ordained a hierodeacon in the same year.

На главной аллее
1) Монах Феодосий
2) Учитель И.Н Кан
3) Н. Пирожков
쥬관, 림간로에
On the main pathway
1) Monk Feodosii
2) Teacher I.N. Kang
3) N. Pirozkov
주 골목에서
1) 수도사 페오도시
2) 교사 강 씨
3) 니콜라이 피로즈코프

* 사진의 가운데(3번)는 니콜라이 피로즈코프로, 파벨 수도대사제가 1906년부터 이끌었던 선교회의 일원으로 입국했다. 본인의 형제 콘스탄틴 피로즈코프와 같이 교리교육 보조 역할로 임명되었다.
In the center of the photo (number 3) is Nikolay Pirozkov, who entered Korea as part of the mission led by Archimandrite Pavel in 1906. He was appointed to assist with catechism alongside his brother, Constantin Pirozkov.

В Консульстве

1) Вице-консул в Чемульпо господин Этинген 2) Известный писатель господин Немирович-Данченко
3) Монах Феодосий 4) Иеродиакон Кирилл 5) Иеромонах Владимир

영사관에

At the Russian Consulate

1) Vice-Consul in Chemulpo, Etingen 2) Famous writer, Nemirovich-Danchenko
3) Monk Feodosii 4) Hierodeacon Kirill 5) Hieromonk Vladimir

러시아 영사관에서

1) 제물포 주재 부영사 에팅겐 2) 유명 작가 네미로비치-단첸코 3) 수도사 페오도시 4) 수도보제 끼릴 5) 수도사제 블라디미르

Корея. Сеул	1908	Духовная Миссия	С. 6
Korea, Seoul		Orthodox Mission	P. 6
한국, 서울		정교회 선교회	6쪽

В саду Генерального Консульства

1) Архимандрит Павел 2) Монах Феодосий 3) Иеродиакон Кирилл 4) Генеральный Консул А.С. Сомов с детьми

5) Учитель господин Вальмус 6) Ж.В. Васкевич 7) Ж.Ж. Бирюков 8) М.Г. Смолова 9) Ф.Н. Васильев 10) П.Ю. Васкевич

總領事舘公園에

In the garden of the Russian Consulate General

1) Archimandrite Pavel 2) Monk Feodosii 3) Hierodeacon Kirill 4) Consul General, A.S. Somov with children

5) Teacher Valmus 6) Z.V. Vaskevich 7) Z.Z. Biryukov 8) M.G. Smolova 9) F.N. Vasiliev 10) P.Y. Vaskevich

러시아 총영사관 정원에서

1) 수도대사제 파벨 2) 수도사 페오도시 3) 수도보제 끼릴 4) 총영사 소모프와 그의 아이들

5) 교사 발무스 6) Z.V. 바스케비치 7) Z.Z. 비류코프 8) M.G. 스몰로바 9) F.N. 바실리예프 10) P.Y. 바스케비치

Корея. Сеул	1908	**Духовная Миссия**	С. 7
Korea, Seoul		Orthodox Mission	P. 7
한국, 서울		정교회 선교회	7쪽

На лоне природы
텬연한 야외에
In the midst of nature
자연의 품 안에서

На крыльце Генерального Консульства
총영ᄉ관, 대계에
On the porch of the Russian Consulate General
러시아 총영사관 현관에서

В глухом ущелье вблизи Сеула

경성부근, 적막한 산간에

In a remote gorge near Seoul

서울 근교의 외딴 계곡에서

У фонтана в миссийском саду

敎會公園噴水겻

By the fountain in the mission garden

선교회 정원에 있는 분수 옆에서

Корея. Сеул	1908–1910	Духовная Миссия	С. 8
Korea, Seoul		Orthodox Mission	P. 8
한국, 서울		정교회 선교회	8쪽

В консульском саду после обеда

오찬후의, 영ㅅ관, 공원에

In the Russian consular garden in the afternoon

오찬 후 러시아 영사관 정원에서

На братских могилах в Чемульпо

인천에 형뎨들 산소에

At the cemetery in Chemulpo

제물포에 있는 공동 묘지에서

Иеромонах Феодосий с учениками школы

슈ㅅ신부, 폐오도시가, 학교생도들과가치

Hieromonk Feodosii with school students

수도사제 페오도시가 학교 학생들과 함께

* 여기서 말하는 학교는 선교회 학교로 추정된다. 선교회 학교 운영은 파벨 수도대사제가 관심을 많이 기울였던 부분이다. 1906년에 선교회 부지에 남학교가 설립되었고 그 후 인근 다른 부지에 여학교도 문을 열었다. 선교회 학교에서는 일반 정규 과목외에도 정교회 신앙을 가르쳤고, 외국어로 러시아어와 영어를 가르쳤다. 알렉세이 김의한도 선교회 학교에서 수학했다.

The school mentioned here is presumed to be the mission school, a focus of Archimandrite Pavel's efforts. In 1906, a boys' school was established on the mission premises, followed by a girls' school on a nearby site. The mission school taught the Orthodox faith along with regular subjects, and foreign languages such as Russian and English. Alexey Kim Eui-han also studied at the mission school.

* 왼쪽에서 두 번째는 세르기 주교로, 1908년 당시 교토의 주교 및 일본의 대리주교(vicar of Japan)였다. 그후, 일본의 대주교가 되었고, 한국 선교회는 1921년부터 세르기 대주교의 관할권에 소속되었다. 세르기 대주교가 한국 선교회를 감독한 것은 1940년대 초반까지 이어졌으나, 사실상 러시아 혁명의 영향으로 상황이 어려웠기에 1930년대 초반부터는 실제적이 아닌 명목상으로만 될 뿐이었다. (여러 기록에 따르면 세르기 대주교가 (일본의 대주교로) 한국에 사목 방문한 것은 1922년이 처음이라고 알려져 있으나, 본 사진을 통해 그가 이미 1908년에 교토의 주교로서 한국을 방문한 적이 있음이 확인되었다.)

The second person from the left is Bishop Sergey, who in 1908 was the Bishop of Kyoto and vicar of Japan. He later became the Archbishop of Japan, and from 1921, the Korean mission fell under his jurisdiction. Although Archbishop Sergey oversaw the Korean mission until the early 1940s, the difficult situation caused by the Russian Revolution meant that from the early 1930s his supervision was nominal rather than practical. (According to various records, Archbishop Sergey's first pastoral visit to Korea as Archbishop of Japan was in 1922, but this photo confirms that he had already visited Korea in 1908 as Bishop of Kyoto.)

Члены Миссии с гостями на веранде главного дома

1) Архимандрит Павел 2) Преосвященнийший Сергий епископ Киотсский, викарий Японский 3) Преосвященнийший Иоанн епископ Киренский, Викарий Иркутский 4) Протоиерей отец Иоанн Восторгов 5) Иеродиакон Кирилл 6) Монах Феодосий

교회직원들이 손님들과 갓치 이층 퇫마루에

Members of the mission with guests on the veranda of the mission house

1) Archimandrite Pavel 2) His Grace Bishop Sergey of Kyoto, Vicar of Japan 3) His Grace Ioann Bishop of Kirensky, Vicar of Irkutsk 4) Archpriest Father Ioann Vostorgov 5) Hierodeacon Kirill 6) Monk Feodosii

본관 베란다에서 손님들과 함께하는 선교사들

1) 파벨 수도대사제 2) 일본 대리주교, 교토의 세르기 주교 3) 이르쿠츠크 대리주교, 키렌스키의 이오안 주교 4) 이오안 보스토르고프 대사제 5) 끼릴 수도보제 6) 페오도시 수도사

В гостях у Генерального Консула

1) Иеродиакон Кирилл 2) Архимандрит Павел 3) Драгоман Ж.С. Сенько-Буланый 4) М.Г.Сомова
5) Ж.В. Васкевич 6) Монах Феодосий 7) Иеромонах Николай 8) господин Вальмус 9) Сережа Сомов

총영ᄉ의게, 손님들노

Visiting the Russian Consul General

1) Hierodeacon Kirill 2) Archimandrite Pavel 3) Dragoman Z.S. Senko-Bulany 4) M.G. Somova
5) Z.V. Vaskevich 6) Monk Feodosii 7) Hieromonk Nikolay 8) Valmus 9) Seryozha Somov

러시아 총영사를 방문하여

1) 끼릴 수도보제 2) 파벨 수도대사제 3) 영사관의 통역사 Z.S. 센코-불라니 4) M.G. 소모바
5) Z.V. 바스케비치 6) 페오도시 수도사 7) 니콜라이 수도사제 8) 발무스 9) 세료자 소모프

Корея. Сеул	1908–1910	Станы Миссии	С. 9
Korea, Seoul		Missionary outpost	P. 9
한국, 서울		선교 지부	9쪽

Иконостас молитвенного дома в с. Коха

교하교당의 성상들

The iconostasis of the house of prayer in the village of Gyoha

교하 기도처에 있는 이코노스타시스

* 파벨 사제의 노력과 관심으로 서울의 북서쪽 지방 교하, 가루개, 일산 등(오늘날의 경기도 파주시, 고양시 지역)에 선교 처소가 세워졌다. 판잣집 기도처와 학교가 생겼고, 교리교육이 이루어지고 성찬예배, 세례성사 등이 거행되었다. 그러나 러시아 혁명 이후 선교회가 어려움을 겪으면서 선교 처소도 대부분 문을 닫게 되었다.

Thanks to Fr. Pavel's efforts and interest, mission stations were established in Gyoha, Karugai, Ilsan, and other areas northwest of Seoul (today's Paju and Goyang in Gyeonggi Province). Temporary prayer houses and schools were set up, where catechism, the Divine Liturgy, and baptisms were conducted. However, after the Russian Revolution, the mission faced difficulties, leading to the closure of most mission stations.

Корейцы по дороге в деревню
시골노, 가는 길에 됴션인들
Koreans on the way to the village
시골로 가는 길에 있는 한국인들

* 이 메모는 누락된 사진에 대한 설명이다.
Note for the description of missing photo.

Молитвенный дом в с. Каругай

갈현리(가루기)의 교당

Prayer house in the village of Karugai

갈현리(가루개) 기도처

Миссийская школа в с. Ильсан (Шаг-ы-тон)

一山에 교회 학교

Mission School in the village of Ilsan

일산에 있는 선교회 학교

Корея. Сеул 1911 С. 10

Korea, Seoul P. 10

한국, 서울 10쪽

Ворота Императорского дворца 《Кённбок-кунн》 (Упраздненные в 1926г.)
景福宮, 大闕門
Gyeongbokgung Imperial Palace Gate (Demolished in 1926)
경복궁 광화문 (1926년 철거)

Лотосы в саду Императорского Дворца 《Кённбок-кунн》
경복궁, 대궐공원에 연못
Lotuses in the garden of Gyeongbokgung Imperial Palace
경복궁 정원에 핀 연꽃

Императорский Дворец, ныне упраздненный《Чанндок-кунн》

昌德宮, 大闕

Imperial Palace, now demolished "Changdeokgung"

현재는 철거된 창덕궁

Дворец Наследного Принца《Токсу-гуны》

덕수궁 석조전, 皇太子 처소

Palace of the Crown Prince “Deoksugung”

덕수궁 석조전 황태자 처소

Корея. Сеул 1911 С. 11

Korea, Seoul P. 11

한국, 서울 11쪽

Приезд корейского наследного принца в дворец 《Токсу-гунн》
皇太子殿下끠셔 德壽宮으로 오시는 것
Arrival of the Korean Crown Prince at the Deoksugung Palace
황태자가 덕수궁에 오심

Историческая пагода в городском саду (《Тхатъ》)
市立公園에 역ᄉ적의 탑
Historical pagoda of a city garden
시립공원(현 탑골공원)의 역사적인 탑 (원각사지 십층석탑)과 팔각정

Корейская Императрица Омъ (скончалась в 1911 г.)

朝鮮皇后 엄비

Imperial Consort, Sunheon (died 1911)

순헌황귀비 엄비 (1911년 사망)

Корейский Император Ли-Тхэ Хвандэ (скончался в 1919г.)

고종태황뎨(一千九百十九年에 붕어)하시다

Korean Emperor Gojong (died 1919)

대한제국 고종 태황제 (1919년 사망)

Корея. Сеул 1917−1920 Духовная Миссия С. 12

Korea, Seoul Orthodox Mission P. 12

한국, 서울 정교회 선교회 12쪽

* 앨범의 12-25쪽까지는 1917-1928년 사진이다.
Pages 12-25 of the album contain photos from 1917 to 1928.

Иеромонах Феодосий в миссийском саду

修士神父 페오도시가 교회 동산에

Hieromonk Feodosii in the mission garden

수도사제 페오도시, 선교회 정원에서

Иеромонах Феодосий с причтом

1) Диакон Лука Ким 2) Псаломщик Алексей Ким и 3) П.А. Афанасьев

修士神父 페오도시가 직원들과 갓치

Hieromonk Feodosii with other clergy

1) Deacon Luke Kim 2) Reader Alexey Kim 3) P.A. Afanasiev

페오도시 수도사제가 선교회 직원들과 같이

1) 루가 김희준 보제 2) 봉독자 알렉세이 김의한 3) 파벨 아파나시예프

* 페레발롭 수도사제가 선교회 직원들과 같이 있는 모습인데, 가장 왼쪽에 루가 김희준 보제(1882-1929, 1913년 보제서품)가 있다. 루가 보제는 1924년에 사제가 되면서, 한국인으로는 이반 강탁에 이어 두 번째 사제가 된다. 사진에는 청년이 된 봉독자 알렉세이 김의한(후에 세번째 사제)도 있고, 성가대장으로 봉직하다가 평양으로 떠난 파벨 아파나시예프도 있다.

In this photo, the monk Perevalov is with mission staff, with Deacon Luke Kim Hee-joon (1882-1929; ordained deacon in 1913) on the far left. Deacon Luke became a priest in 1924, making him the second Korean priest after Ivan (John) Kang Tak. Also in the photo is Alexey Kim Eui-han, then a young reader who later became the third Korean priest, and Pavel Afanasiev, who served as choir director before leaving for Pyongyang.

Ворота Миссии с улицы《Тэйдо》

교회의 대문

Mission Gate from Teido Street

큰 길에서 본 선교회의 대문

Веранда Миссии
교회의 퇴마루
Mission Veranda
선교회의 베란다

Русские беженцы на террасе Миссии
아라사 피난민들
Russian refugees on the mission house terrace
러시아 이민자들

Иеромонах Феодосий с барышнями Малининой и Клэм
修士神父 페오도시가 마리닌 양과 크렘 양과 갓치
Hieromonk Feodosii with the young ladies Malinina and Clem
페오도시 수도사제가 말리닌 양, 클렘 양과 같이

* (한국교원대 황동하에 따르면) 1920년대 초 한반도는 러시아 연해주에서 볼셰비키를 피해 건너온 러시아 이민자들의 피난처였다. 이들 중 다수는 상하이, 홍콩, 하얼빈, 호주, 캐나다, 미국 샌프란시스코 등으로 다시 떠났지만 일부는 한반도에 남아있었다. 이 가운데는 서울의 정교회 선교회 안에 거주했던 이들도 있었다.

According to Dong-ha Hwang of Korea National University of Education, in the early 1920s, the Korean Peninsula became a refuge for Russian immigrants fleeing the Bolsheviks in the Russian Far East. While many moved on to Shanghai, Hong Kong, Harbin, Australia, Canada, and San Francisco, some stayed in Korea, including those who lived within the Orthodox mission in Seoul.

Иеромонах Феодосий и Ж.Ж. Чиркина в миссийском саду
수사신부 페오도시와 치리긴 부인이 교회동산에
Hieromonk Feodosii and Z.Z. Chirkin
in the mission garden
페오도시 수도사제와 치르킨 부인이 선교회 정원에서

Корея. Сеул	1917–1920	Духовная Миссия	С. 13
Korea, Seoul		Orthodox Mission	P. 13
한국, 서울		정교회 선교회	13쪽

Среди пионов в саду Императорского Дворца
ᄃᆡ궐 공원의 목단화즁에
Among the peonies in the garden
of the Imperial Palace
대궐 정원의 모란꽃 사이에서

Певчие Миссии
교회의 영디들
Mission choir
교회 성가대

* 교회 성가대를 처음 조직한 것은 페레발롭 수도사였다. 그는 교회 음악을 잘 알고 있었고, 선교회에서 처음에 맡았던 역할도 성가 부르기였다. 그의 노력으로 선교회 학교 학생들로 구성된 성가대가 꾸려졌다. 1915-1918년에는 파벨 아파나시예프가 성가대를 맡기도 했다.
The first to organize the church choir was the monk Perevalov. He was well-versed in church music, and his initial role at the mission was singing in the choir. Thanks to his efforts, a choir made up of mission school students was formed. Pavel Afanasiev took over the choir from 1915 to 1918.

В Миссийском саду

교회 공원에

In the mission garden

선교회 정원에서

На крыльце Генерального Консульства

총영ㅅ관 대계상에

On the porch of the Russian Consulate General

러시아 총영사관 현관에서

Генеральный Консул в Корее Я.Я. Лютин
朝鮮에 로국 총영ᄉᆞ 류드시
Russian Consul General in Korea Y.Y. Lutin
주한 러시아 총영사 류틴

Коре. Чёнчжинъ (Сейсинъ) 1920–1925 С. 14

Korea, Chongjin P. 14

한국, 청진 14쪽

В саду Русского Консульства в Чёнчжине

1) Мадам Троицкая 2) Иеромонах Феодосий 3) Вице-консул А.С. Троицкий 4) Няня с Кукликом на руках 5) Бонна – с Витей

淸津 露國領事館 公園에

In the garden of the Russian Consulate in Chongjin

1) Madame Troitskaya 2) Hieromonk Feodosii 3) Vice-Consul A.S. Troitsky 4) Nanny with Kuklik in her arms 5) Bonna – with Vitya

청진 러시아 영사관 정원에서

1) 트로이츠카야 부인 2) 수도사제 페오도시 3) 부영사 A.S. 트로이츠키 4) 쿠클릭을 안고 있는 유모 5) 본나와 비쨔

* (황동하 글에 따르면) 러시아 부영사였던 알렉산드르 트로이츠키의 아들 비탈리 트로이츠키는 1916년 조선에서 태어나 1924년에 죽었고, 서울 마포구 양화진 외국인 묘역에 묻혀 있다.

According to Dong-ha Hwang, Vitaly Troitsky, the son of Russian Vice-Consul Alexandr Troitsky, was born in Korea in 1916 and died in 1924. He is buried at the Yanghwajin Foreigners Missionary Cemetery in Mapo-gu, Seoul.

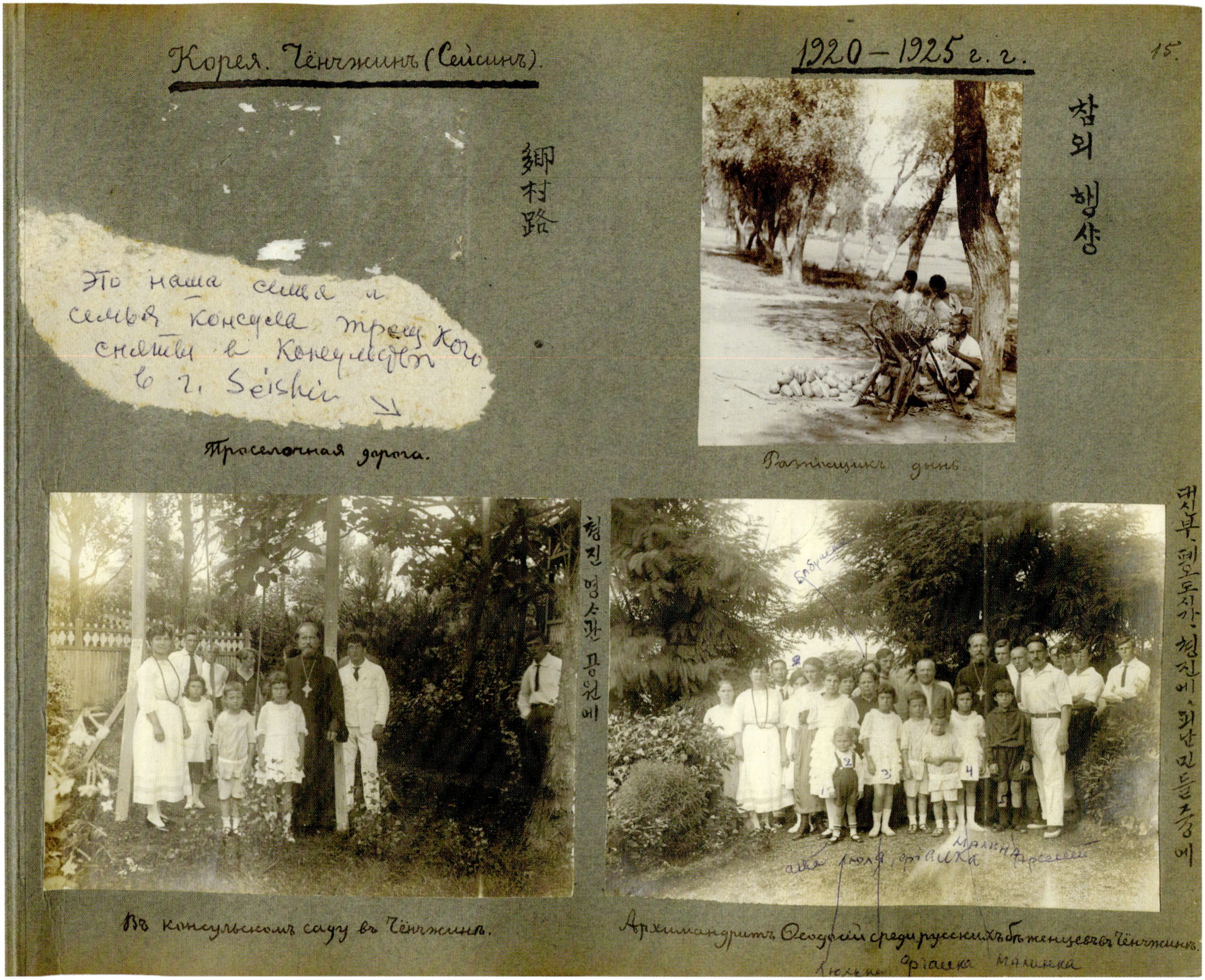

Коре. Чёнчжинъ (Сейсинъ) 1920–1925 С. 15

Korea, Chongjin P. 15

한국, 청진 15쪽

* 원래는 시골길에 관한 사진이 있었는데 누락되었고, 그 자리에 다른 사진(p.172-173)의 주인공들이 남긴 메모가 적혀있다.
Original photo of a country road missing with a personal note left in its place by the subjects of the photos on pages 172-173.

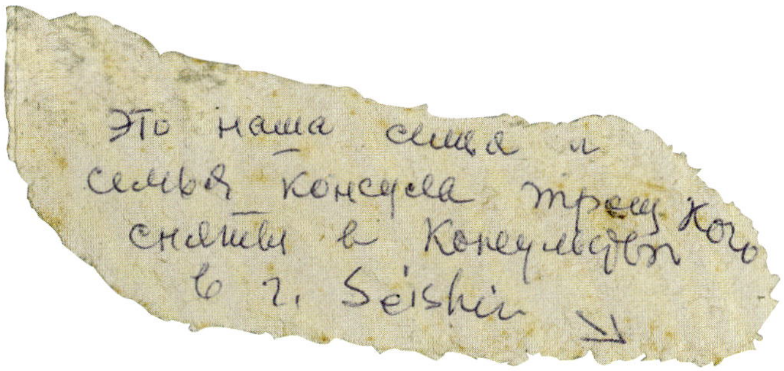
Это наша семья и семья консула Троицкого сняты в Консульстве в г. Seishin

"Это наша семья и семья консула Троицкого снятая в концульстве в Чёнчжине."
"This is our family and the family of Consul Troitsky taken at the consulate in Chongjin."
"청진 영사관에서 촬영된 우리 가족과 트로이츠키 영사 가족입니다."

Проселочная дорога
鄕村路
Country road
시골길

Разносчик дынь
참외 행샹
Melon vender
참외 행상

* 한반도 동북부 해안 청진에는 러시아 이민자들이 많이 모였다. 러시아 혁명 이후에는 블라디보스톡 일대에 있던 일부 러시아인들이 청진으로 이주했고, 1930년대에는 한국과 중국 등에 있던 러시아인들의 휴양지가 되기도 했다.
Many Russian immigrants gathered in Chongjin, on the northeast coast of the Korean Peninsula. After the Russian Revolution, some Russians from the Vladivostok area moved to Chongjin. In the 1930s, it became a resort area for Russians living in Korea and China.

В консульском саду в Чёнчжине

청진 영소관공원에

In the consular garden in Chongjin

청진 영사관 정원에서

Архимандрит Феодосий среди русских беженцев в Чёнчжине

대신부 페오도시가 청진에 피난민들중에

Archimandrite Feodosii among Russian refugees in Chongjin

청진의 러시아 이민자들 가운데 있는 페오도시 수도대사제

Бабушка	Я	1 : Ива	2–5 : Юля, Фиалка, Малина, Арсений
Grandmother	Me	1 : Iva	2–5 : Yulia, Fialka, Malina, Arseniy
할머니	나	1 : 이바	2–5 : 율랴, 피알까, 말리나, 아르세니

Корея. Сеул	1920–1925	С. 16
Korea, Seoul		P. 16
한국, 서울		16쪽

Англиканские миссионеры в Корее во главе с епископом Марком Троллоп

朝鮮에 英國宣教師들이 主教 말크 ᄯᅳ료으로ᄲᅥ씨의 주관하에

Anglican missionaries in Korea led by Bishop Mark Trollope

마크 트롤로프 주교가 이끌던 한국 성공회 선교사들

* 한국 성공회의 마크 트롤로프 주교(Mark Trollope, 1862-1930)는 러시아 혁명 후 어려움을 겪던 정교회 선교회에 아무런 대가도 바라지 않고 경제적 도움을 주었다. 매달 250-300엔씩 19개월 동안(1918.6-1912.12) 총 5,100엔을 주었다. 이에 대해 훗날 암브로시오스 한국 정교회 대주교는 한국성공회 측에 감사 인사를 표했다.

Bishop Mark Trollope of the Anglican Church of Korea (1862-1930) provided financial assistance to the Orthodox mission, which was struggling after the Russian Revolution, without expecting anything in return. He gave 250-300 yen per month for 19 months (from June 1918 to December 1919, totaling 5100 yen). Later, Metropolitan Ambrosios of the Orthodox Metropolis of Korea, expressed gratitude to the Anglican Church of Korea for this support.

Корея. Сеул 1920–1925 С. 17

Korea, Seoul P. 17

한국, 서울 17쪽

На крестинах у псаломщика А.Г. Ким

詩司 아 그 김의 영아의 세례에

Baptism reception of the infant of Reader Alexey G. Kim

봉독자 알렉세이 김의한의 영아의 세례식 이후

* 알렉세이 김의한은 리디아 권화숙과 결혼하여 자녀 여덟 명을 낳았으나, 그 중 네 명(타티안나, 니콜라이, 코스타, 엘레니)만 생존하였다. 코스타 김창식은 후에 그리스 종군 사제들의 도움으로 그리스에 유학가서 신학을 공부한 뒤 서울로 돌아와 정교회 공동체에 많은 기여를 하였다. 한편, 사진의 맨 뒷줄 오른쪽에서 세 번째는 루가 김희준 보제이다.
Alexey Kim Eui-han married Lydia Kwon Hwa-sook and had eight children, but only four (Tatianna, Nikolay, Kostas, and Eleni) survived. Kostas Kim Chang-sik later studied theology in Greece with the help of chaplains from the Greek Expeditionary Forces in Korea and returned to Seoul, where he made significant contributions to the Orthodox community. In the photo, Luke Kim Hee-Joon, the deacon, is the third person from the right in the back row.

Корея. Сеул	1920–1925	Духовная Миссия	С. 18
Korea, Seoul		Orthodox Mission	P. 18
한국, 서울		정교회 선교회	18쪽

Высокопреосвященнийший Сергий, Архиепископ Японии и Архимандрит Феодосий среди
Сеульской православной паствы 2/15–го июля 1923 года
日本大主教 지존하신 셰리기 사와 大神父 폐오도시가 京城 正教人들中에
His Eminence Sergey, Archbishop of Japan and Archimandrite Feodosii among the Seoul Orthodox flock on July 2/15, 1923
일본의 세르기 대주교와 페오도시 수도대사제가 서울 정교인들과 함께, 1923년 7월 15일 (7월 2일)

* 1921년부터 한국 선교회를 관할했던 일본의 세르기 대주교가 한국 사목 방문 때 신자들과 찍은 사진이다.
This photo was taken during a pastoral visit by Archbishop Sergey of Japan, who oversaw the Korean mission from 1921, with the faithful of the Korean Orthodox Church.

Корея. Сеул	1920–1925	Духовная Миссия	С. 19
Korea, Seoul		Orthodox Mission	P. 19
한국, 서울		정교회 선교회	19쪽

На террасе миссийского дома

교회집의 층계에

On the terrace of the mission house

선교회 사택의 테라스에서

В саду Миссии

In the garden of the mission

선교회 정원에서

Архимандрит Феодосий
大神父 페오도시
Archimandrite Feodosii
수도대사제 페오도시

Возлюбленному и сердечно чтимому отцу Архимандриту
Феодосию искренно преданный и благодарен
Сергий Архиепископ Японский
1 янв. с.с. г.Сеул
大主敎 세리기 師
To my beloved and heartily revered Father Archimandrite
Feodosii, I am sincerely devoted and grateful.
Sergey Archbishop of Japan
Jan 1 Old Calendar, 1924, Seoul
지극히 사랑하고 존경하는 페오도시 신부님께 깊은 감사의 마음을 전합니다.
일본 대주교 세르기
1924년 1월 1일, 서울

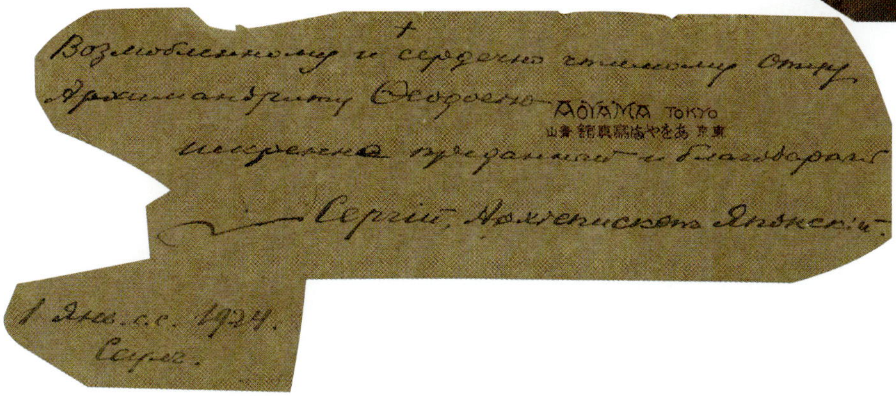

Архиепископ Сергий Японский и Архимандрит Феодосий среди певчих Миссии

2/15 июня 1923 года

日本大主教 サリキイ 師와 大神父 페오도시가 교회 영디 즁[?]

Archbishop Sergey of Japan and Archimandrite Feodosii among the chanters of the Mission

June 2/15, 1923

일본 세르기 대주교와 페오도시 수도대사제가 성가대원들과 함께

1923년 6월 15일 (2일)

* 가운데 줄에 (왼쪽부터) 루가 김희준 보제, 세르게이 일본 대주교, 페오도시 수도대사제가 나란히 앉아있다.
In the middle row, from left to right, are Deacon Luke Kim Hee-joon, Archbishop Sergey of Japan, and Archimandrite Feodosii sitting together.

Семейство профессора Г.В. Подставина в Сеуле

경셩에 ᄲᅩ드스ᄯᅡ빈 박ᄉᆞ의 가족들

The family of Professor G.V. Podstavin in Seoul

G.V. 포드스타빈 교수의 가족이 서울에서

* 최초의 한국어 교수로 알려진 포드스타빈(1875-1924) 교수는 1900년부터 블라디보스톡 동양학 대학에서 22년간 한국어 교수로 있었다. 다수의 한국어 교과서를 집필했고, 1922년 볼셰비키를 피해 한국으로 이주했고, 1년 뒤 중국 하얼빈으로 갔다.

Professor Podstavin (1875-1924), known as the first Korean language professor, taught Korean at the Oriental Institute in Vladivostok for 22 years starting in 1900. He authored numerous Korean language textbooks. In 1922, he moved to Korea to escape the Bolsheviks, and a year later, he went to Harbin, China.

Корея. Пусан 1920–1925 С. 20

Korea, Busan P. 20

한국, 부산 20쪽

Преосвященнийший Сергий, Архиепископ
Японский в кругу семьи В.А. Скородумова
大主教 세리기 師가 옏아 스꼬로두모옏의 家族들 中에
His Eminence Sergey, Archbishop of Japan
amidst the family of V.A. Skorodumov
일본의 세르기 대주교가 스코로두모프 가족과 함께

Вице-Консул в Фузане В.А. Скородумов
釜山에 副領事 쓰아 스꼬로두모쓰
Vice-Consul in Busan V.A. Skorodumov
부산 부영사 V.A. 스코로두모프

Дети В.А. Скородумова с четвероногим 《братцем》 1923 год
쓰아 스꼬로두모쓰의 아희들이 복장한 개와 갓치
Children of V.A. Skorodumov with a four-legged "brother", 1923
스코로두모프 부영사의 아이들이 인형 옷을 입은 강아지와 함께, 1923년

Архимандрит Феодосий в кругу семьи В.А. Скородумова в Фузане [Пусане]

釜山에 읎 아 스꼬로두모읎의 家族 中에 大神父 페오도시

Archimandrite Feodosii with the family of V.A. Skorodumov in Busan

페오도시 수도대사제가 부산에서 스코로두모프 가족과 같이

Корея. Сеул　　1920–1925　　С. 21

Korea, Seoul　　P. 21

한국, 서울　　21쪽

Вид Сеула

(центральная часть города)

View of Seoul

(central part of the city)

서울 전경

(시내 중심부)

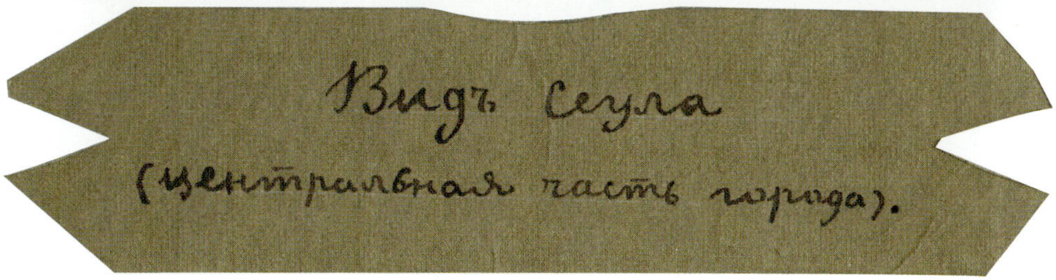

Внутренность буддийского храма за восточными воротами

東大門外 관암묘

The interior of a Buddhist temple outside the East Gate

동대문 밖에 있는 불교 사원의 내부

Общий вид Сеула (северо-западная часть города)

Panoramic view of Seoul (northwest part of the city)

서울 전경 (도시의 북서쪽)

Общий вид Сеула (северо-восточная часть города)

Panoramic view of Seoul (northeast part of the city)

서울 전경 (도시의 북동쪽)

Корея. Сеул 1926 С. 22

Korea, Seoul P. 22

한국, 서울 22쪽

Похороны Корейского Императора Ли Ку

요예

Funeral of Korean Emperor Yunghui (Sunjong)

순종 황제의 장례식

Похоронная процессия из дворца к месту могилы

(В катафалке 《дух》 Императора)

純孝宗皇帝 陛下의 國葬 儀式

Funeral procession from the palace to the grave site

(In the hearse, the "spirit" of the Emperor)

궁궐에서 무덤까지 장례 행렬

(황제의 '혼백'이 담긴 상여)

Корейский император (последний из династии Ли)

Ли Ку Нюни Хвандэ, сын Императора Ли Тхэ Хвандэ и Королевы Мин.

Родился в 1875 году, скончался 12/25 апреля 1926 году

純宗孝皇帝 昌德宮 陛下

Korean emperor (last of the Lee dynasty)

Emperor Lee Yunghui, son of Emperor Lee Tae Gojong and Queen Ming.

Born 1875, died April 12/25, 1926

대한제국의 황제 (조선왕조의 마지막 왕). 고종 황제와 명성황후의 아들 융희황제 (순종: 1875년 출생, 1926년 4월 25일 사망)

* 순종 황제의 생년은 백과사전에 따르면 1875년이 아닌 1874년이다.
According to the encyclopedia, Emperor Sunjong's birth year is 1874, not 1875.

Гроб Корейского Императора в большом зале дворца

(карточка приобретена, в виду запретом Полиции, под секретом)

朝鮮皇帝의 ᄃᆡ궐뒤에 모신 재궁

Coffin of the Korean Emperor in the Great Hall of the Palace

(photograph purchased secretly under police prohibition)

궁궐 대궐에 모신 대한제국 황제의 관

(경찰 통제로 인해 몰래 구입한 사진)

Храм 《Неба》 в Сеуле превращенный в увеселительную беседку

The temple of "Heaven" in Seoul, converted into a gazebo open to the public

대중들에게 공개된 서울의 "환구단"

Корея. Сеул　　1926　　С. 23

Korea, Seoul　　P. 23

한국, 서울　　23쪽

Похороны Корейского Императора Ли Ку

28 мая/10 июня 1926 года

皇帝 陛下의 葬儀 行列

Funeral of Korean Emperor Yunghui (Sunjong) May 28/June 10, 1926

1926년 6월 10일(구력 5월 28일), 순종 황제의 장례식

Начало шествия похоронной процессии из Дворца 《Чанндок-кунн》

The beginning of the funeral procession from the Changdeokgung Palace

창덕궁에서 장례 행렬 시작

Катафалк с гробом Императора к месту погребения

(Катафалк несут до 700 человек)

Hearse with the coffin of the Emperor to the place of burial

(The hearse is carried by up to 700 people)

황제의 관이 담긴 대여를 장지까지 운구

(700명에 달하는 사람들이 운구)

На поклонении праху Императора

1) Представитель Микода

2) Наследний Принц

3) Тесть принца в глубоком трауре

皇帝 陛下의 葬儀 當日 永訣式場

At the veneration of the Emperor's remains

1) Ambassador Mikoda

2) Crown Prince

3) The prince's father-in-law in deep mourning

황제의 영결식장에서

1) 미코다 대사

2) 황태자

3) 깊은 애도에 잠긴 황태자의 장인

Место поклонения праху Императора с правой и левой стороны высшие сановники страны и представители всех учреждений Сеула, как-то: японцы, корейцы и европейцы

On the right: The place of the veneration of the remains of the Emperor. On the left side: the country's highest dignitaries alongside representatives of all the institutions of Seoul, including Japanese, Koreans, and Europeans

오른쪽 : 황제의 빈전

왼쪽 : 황실 가족, 서울에 주둔하던 기관들의 고위 인사들 (일본인, 한국인, 유럽인)

Корея. Сеул 1926–1928 С. 24

Korea, Seoul P. 24

한국, 서울 24쪽

Архимандрит Феодосий на веранде Миссии
Archimandrite Feodosii on the mission veranda
선교회 베란다에 있는 페오도시 수도대사제

Внутренняя часть Российской Духовной Миссии
The Russian Orthodox mission from inside
러시아 선교회 내부

А.М. Шляпник, Архимандрит Феодосий , А.П. и Б.С. Яковлевы
За чайным столом в саду миссии
A.M. Shlyapnik, Archimandrite Feodosii, and A.P. and B.S. Yakovlev at the tea table in the mission garden
A.M. 슐랴프니크, 페오도시 수도대사제, 야코블레프 내외 선교회 정원에서 차를 마시며

Архимандрит Феодосий во время богослужения в миссийском храме 2 февраля 1926 года
Archimandrite Feodosii during a divine service in the mission church on February 2, 1926
선교회 성당에서 예배 중인 페오도시 수도대사제, 1926년 2월 2일

Военный врач Действительный Статский Советник
В.Д. Сезевский
Жительствовавший в Миссии в 1924–1925гг.
Military doctor Active State Councillor
V.D. Sezevsky
Lived in the Mission in 1924–1925.
러시아 군의관, 국무위원
V.D. 쎄제프스키
1924–1925년에 선교회에서 거주

В миссийском саду:
1) Жоржик Лощелов
2) Митя Троицкий
3) Женя Грант
4) Мадам Яковлева
5) Архимандрит Феодосий
6) Мадам Троицкая
In the mission garden:
1) Zhorzhik Loschelov
2) Mitya Troitsky
3) Zhenya Grant
4) Madame Yakovleva
5) Archimandrite Feodosii
6) Madame Troitskaya
선교회 정원에서
1) 조르쥑 로쉘로프
2) 미쨔 트로이츠키
3) 줴냐 그란드
4) 야코블레바 부인
5) 페오도시 수도대사제
6) 트로이츠카야 부인

Корея. Сеул 1928 С. 25

Korea, Seoul P. 25

한국, 서울 25쪽

На веранде церкви при входе в храм
On the veranda of the church at
the entrance to the temple
성당 입구의 현관에서

Владыка Архиепископ Сергий Японский и среди Сеульской паствы. Сеул 16/29 апреля 1928 год.
Vladyka Archbishop Sergey of Japan among the Seoul flock. Seoul, April 16/29, 1928
일본의 세르기 대주교가 서울 신자들과 함께
서울, 1928년 4월 29일(16일)

Итого 25 страниц
Архимандрит Феодосий
In total, 25 pages.
Archimandrite Feodosii
총 25페이지.
페오도시 수도대사제

Архимандрит Феодосий
Корея, Сеул 25 апреля/ 8 мая 1930 год
Archimandrite Feodosii
Korea, Seoul April 25 / May 8, 1930
수도대사제 페오도시
1930년 5월 8일(4월 25일), 한국, 서울